天均詩文集（二）

鄭順初著

陳立夫 時年九十五歲

衡陽鄒順初先生著

天均詩文彙編

唐振楚敬題

弘亮用箋

衡陽鄒順初先生著

詩以言志
文采揚徽

唐振楚敬題

台北易經太極與中華文化講座

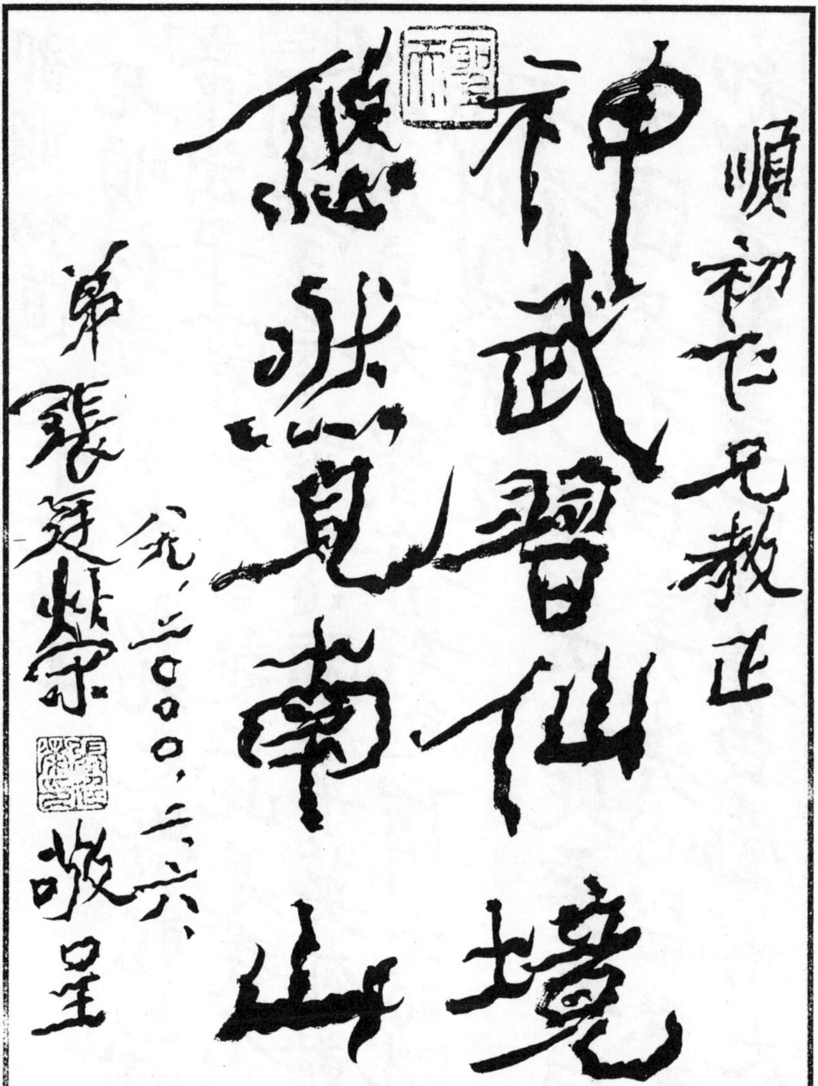

台北仁園

台北易經太極與中華文化講座

鄒順初道長下兄教正
兄順初者順乾初九之潛龍也順
帝出乎震長之奮起也此是我兄。
創學會、能借國軍英雄館、
開成立大會、有好的偉大而開
始此是我兄。
兄有公子在美、一定要兄往
美國兄不往美、決心留台不
知老之將至、一同奮勵於太

台北仁園

極孔孟仁義文化此是我儿
九二一大地震雖受難重而愈
挫愈大舊乃厚福之兆此是我儿
見新曆隱然見南山之美
難殊勝地必將本乾坤大有
大畜之吉卦明哲神武
養其大壯修成微世仁
義之仙也。

張……敬呈
九二.〇.〇.二六

台北仁園

書 法

敬祝

順初道長

壽比南山

張廷榮

中華民國七十一年四月十五日

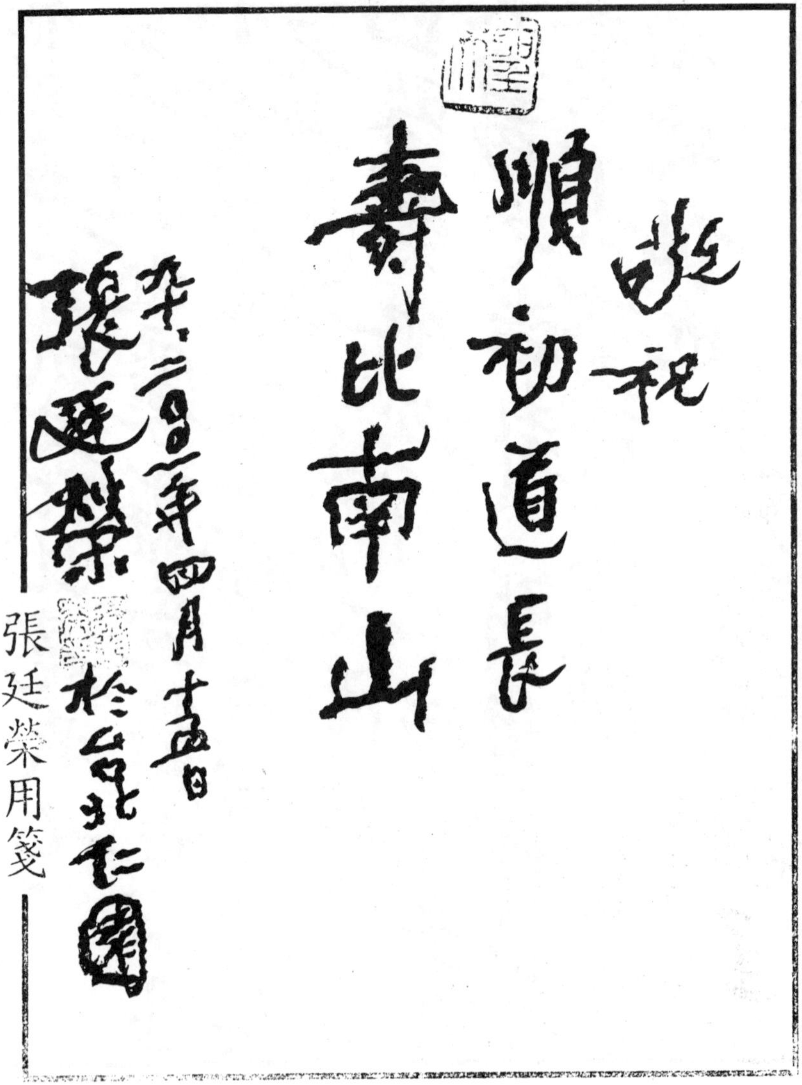

順初道長教正

十千前戊二中華

易學會由我先備

國軍英雄館開

戊三大會以為障

大開始兄之力也

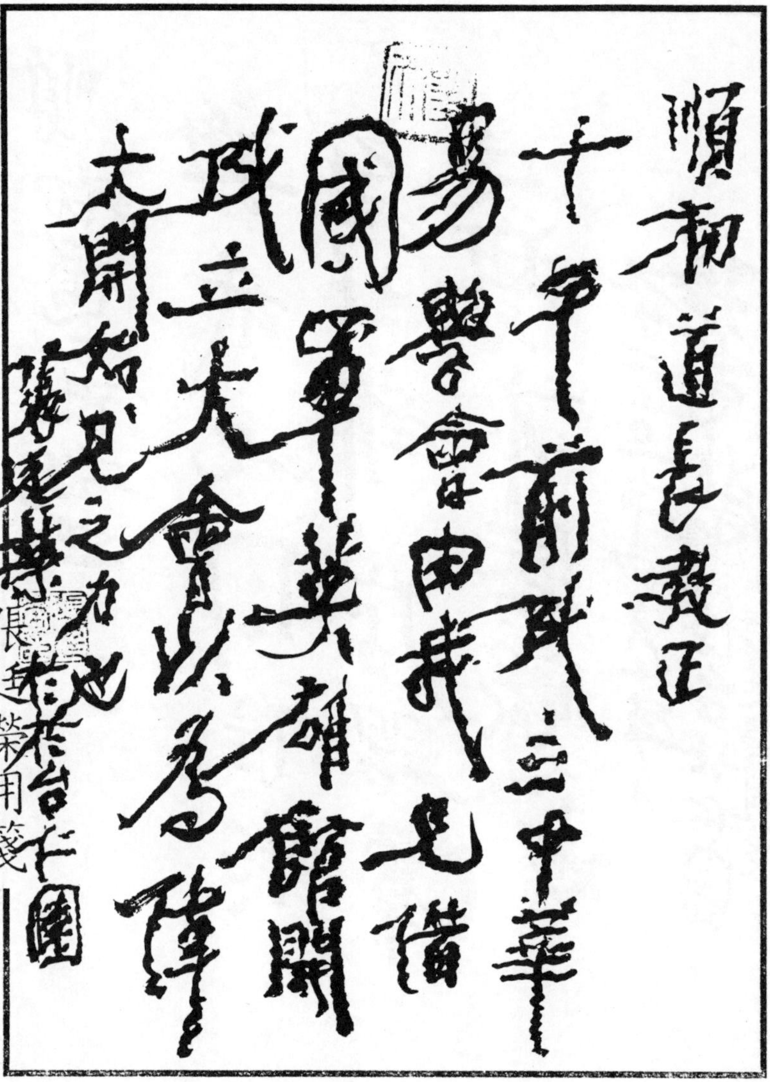

書法

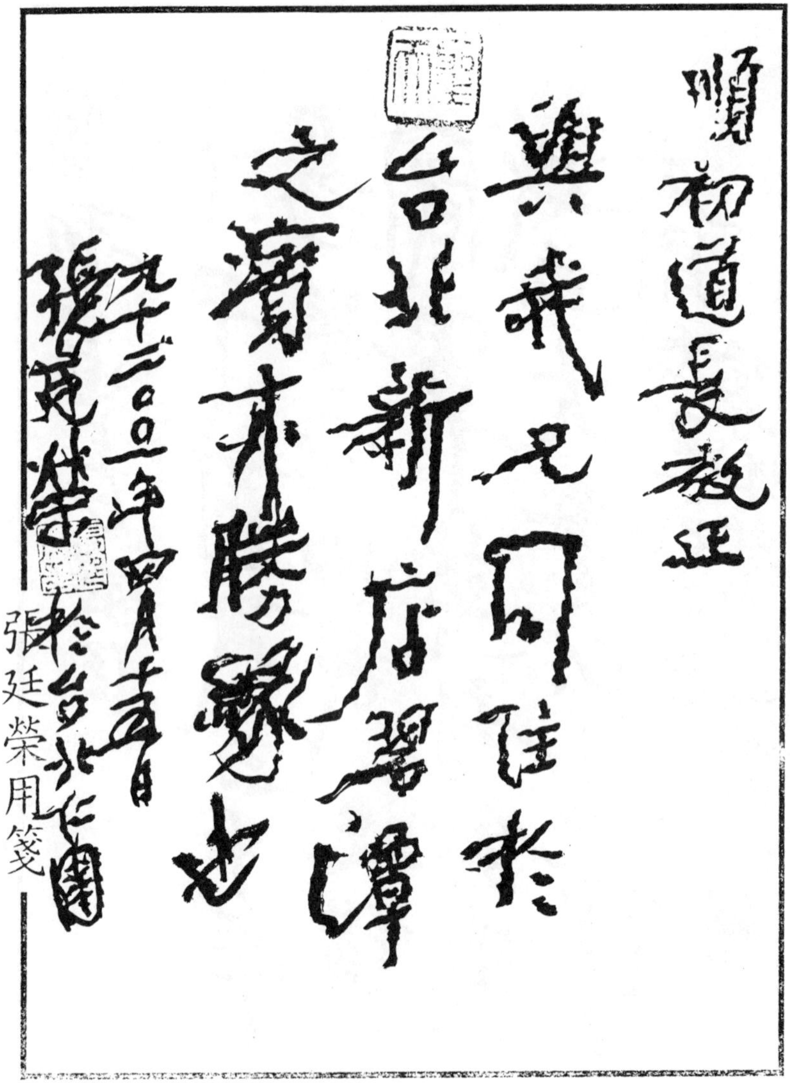
順初道長教正
與我兄同住於台北新店碧潭之濱亦勝緣也
張廷榮用箋

書法

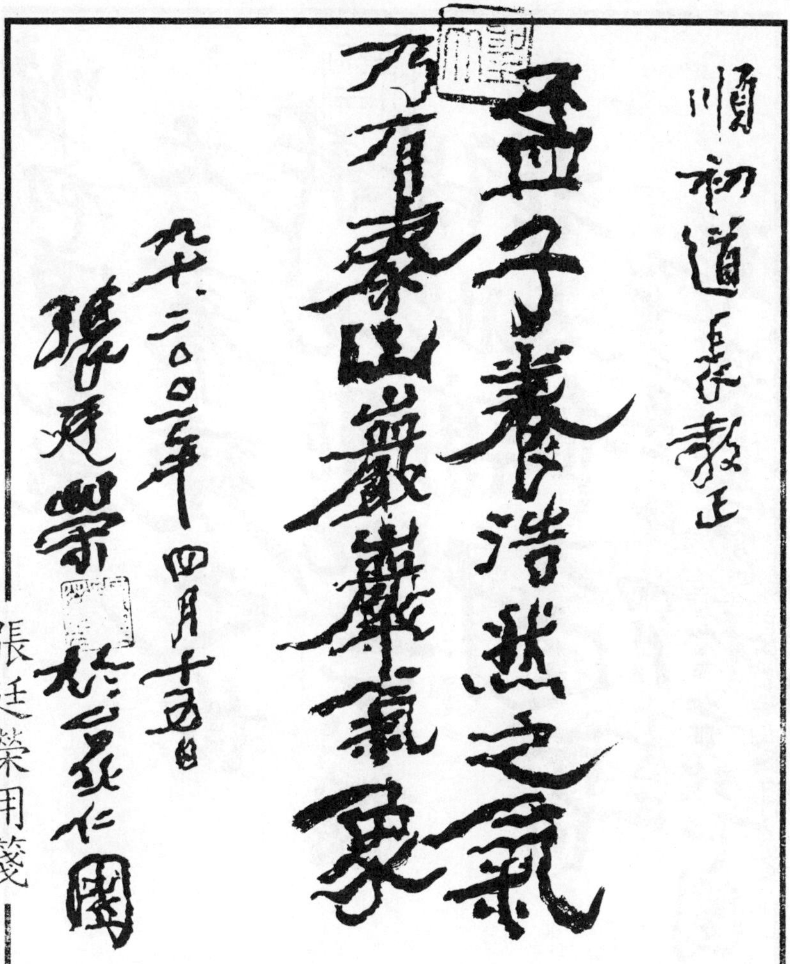
孟子養浩然之氣
乃有泰山巖巖氣象
四月十五日

張廷榮用箋

書法

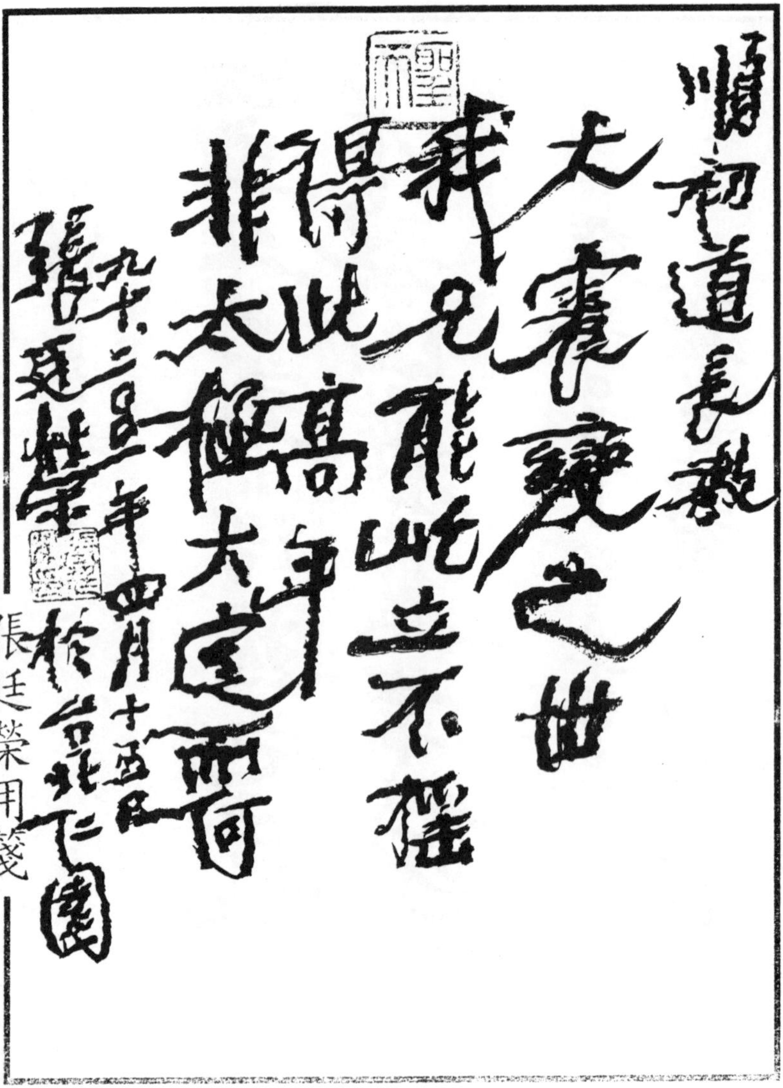

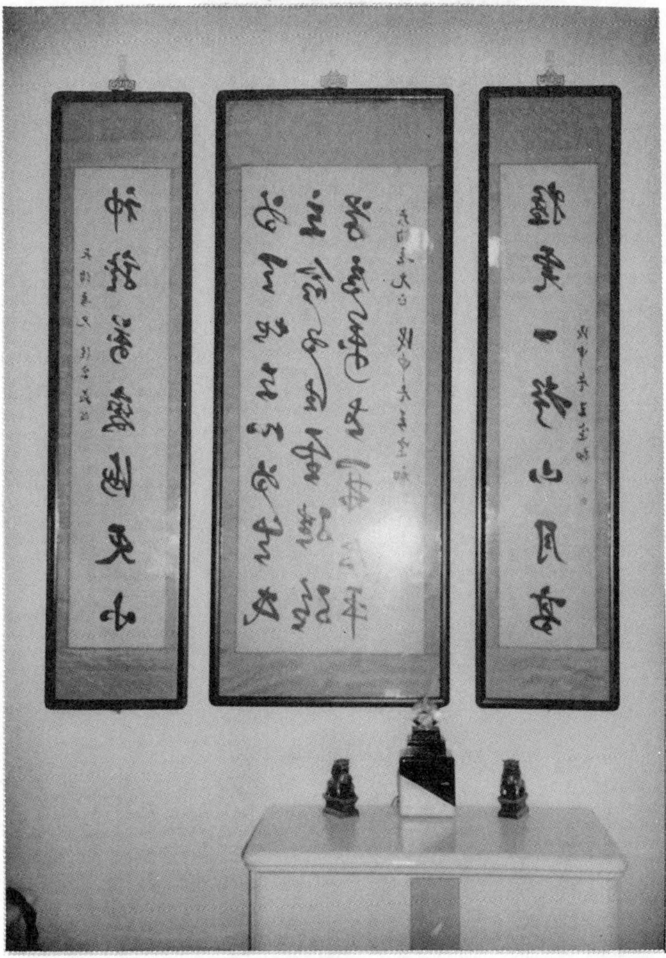

孫群先生集晉王右軍字石刻鐫拓

重征歌

第一首

沙場憶往似飄煙，
解甲原該樂故園，
可惡群奸仍作亂，
征衣卸卻又重穿。

第五首

精誠鼎鑊當餐飴，
枉直嚴明莫我欺，
志士英豪齊際會，
神州再造有歸期。

天均詩文續集 序一

張廷榮

順初道長憂道憂時，特擅詩文，已出版天均詩文集，近又搜得前已熟誦之古詩古文多篇，尤以八十二之高年，又處大憂患大震變之時代，對論語體認特深，並有特殊之綜約順時短評，特具大開大闔，實可以助世道人心，乃編為天均詩文續集，囑廷榮書所感以介引之。廷榮以為皆心血之結晶，應將續集以出版啟迪後世，乃樂而為之序。

九十年元月二十三日於台北仁園

天均詩文續集　序二

徐繼顯

易學大師張廷榮公於客歲主持易經太極與中華文化講座時，曾指示發行二千年道學友文集，囑繼顯為文以襄盛舉，曾以「易經與論語在我國，相當於聖經在西洋」之說為文。茲鄒道長順初兄以出版「天均詩文續集」索序，鄒道長為我中華易學研究會資深且為創會道長之一，對易學研究甚深，曾著有易經究竟是本什麼樣的書等七篇，都七八萬餘言。察其詩文續集內容，係以「春秋縱橫談」，與「試談論語」為主題，特抒管見於後：

甲、易經為群經之首，乃我中華文化之根，應用廣泛：

一、易經為伏羲•文王、周公、孔子四聖之集體創作，其中有天道、有地道、有人道；有各種推理方法，乃研究宇宙間萬有現象者，而在歷代大儒所編纂之鉅著中，皆可證明易經之重要性，如「永樂大典」、「四庫全書」、「萬有文庫」、及「圖書集成」等鉅著中，均將易經列為群經之首。

二、孔子是聖人，是萬世師表，刪詩書、制禮樂、作春秋，而獨對易經則嘆之曰：「假我數年，可以學易矣。」（見孔子世家）。夫子對詩、書可以刪，對禮、樂可以制，對春秋可以作，獨對易經則曰「學」。設非易經之博大精深而為極其重要之書，夫子豈能言「學」？

三、歐洲心理學權威爵恩氏在為德人衛理賢及美國人柏斯所譯之周易作序時說：「若曰，如人類世界，有智慧可言，則中國易經，即為唯一之智慧寶典。吾人在科學方面所得定律，十九皆為短命者，而易經沿數千年之久，依然具有價值，且已駕乎因果律之上，而與近日原子物理學，頗多類似之處。」〔按：教皇格列哥里於一八五二年—明神宗萬曆十年—派利瑪竇來華傳教，首從研習四書而與朝野交往，復以拉丁文翻譯四書傳入歐洲。至清初另一傳教士柏應理最早翻譯易經傳入歐洲，致歐大陸之學者，始接觸我國易經。〕

四、際茲電腦飛躍進步，發展神速而帶動全人類生活之大時代，在數理科學發展上，可謂一日千里，精密神奇，使數十億人類因而獲其福祉，其窮理研幾之精神，若無易經之啟發，焉得如此？

當德人萊卜尼茲發明電腦成功，獲得諾貝爾物理獎之後，異常興奮特舉盛之慶祝會。一時之間，冠蓋雲集，盛極一時。與會者皆獲萊氏贈送一枚值得紀念之禮物，此禮物為何？乃一枚「八卦太極圖紀念章」。眾皆驚異，群問其故？萊氏即席發表至為感人之演說謂：「吾之所以能發明電腦，乃得之於易經之啟發。易經乃二進位運算之基本理論，也就是陰『--』與陽『—』，將陽『—』代之以『1』，將陰『--』代之以『0』，『1』與『0』，即電腦之基本理論。」因此，電腦之發明，乃得自易經之啟發。萊氏發明電腦，震驚世界，益證易經之智慧也。

五、由於電腦之發明，全球資訊網路有如旭陽東昇。八十九年七月二十二日，八國G8高峰會議，以「進一步繁榮」為題，討論資訊科技為動力之新經濟時代已經到來，發表「全球資訊社會琉球憲章」。並表明：成功掌握資訊科技潛力的國家，可望避開傳統設施之障礙。同時認為：資訊科技對於維持經濟成長和鼓勵工業國家間的競爭潛力很大。若無電腦之發明，豈有資訊科技之發皇？

乙、論語是中華文化之瑰寶：

一、師範大學王教授熙元博士說：論語不只是一部個人修養的寶典，也是一部治國平天下的寶典。讀論語時，孔子就像生活在我們身邊，他是一位有血有肉，有性情，有愛心，有理想的文化人。他一定都從平凡實在的地方做起，無論是言論的抒發，行為的表現，道德的涵養，教育的啟迪，全是由基本的人性出發。他是以人為本，以人為中心的人文主義者。孔子之崇高的教育精神，可大可久的學術思想，繼往開來的文化業績，在人類歷史上煥發著永恆的光輝。論語是中華文化的瑰寶，也是人類珍貴的精神財富，散發著清明的人生智慧，以其豐富的人文心靈，陶鑄其人文生命的成長，並教誨人文生活的實踐，以求建構一個和諧美好的人文心靈，為中華文化與世界人類提示超越時空的永恆精神價值。

二、智揚出版社張發行人省池先生說：「論語位四書之首，是中華文化遺產中珍貴寶藏。數千年來，中國人無論在立身處事或政治社會方面，皆深受儒家思想所影響，而論語即為儒家思想最具代表性之偉大鉅著，其在思想方面充滿了人生的智慧與哲理。」

三、宋儒程子說：「讀論語真有不知手之、舞之、足之、蹈之者，頤自十七八歲讀論語，當時已曉文義，讀之愈久，但覺意味深長。」

四、已故立法委員、名政論家陶希聖先生說：「在中國之經典中，特重論語。」

五、傅教授佩榮博士說：「二十世紀末，論語的普世價值，正在綻發光芒。」

六、曾佐宋太祖定天下，拜樞密使，復又於宋太宗時，入相拜太師封魏國公之趙普對太宗說：「臣有論語一部，以半部論語佐太祖定天下，以半部論語佐陛下致太平。」此即「半部論語治天下」之由來也。

因此，我們可以說：西洋只有一部「聖經」，而我中華文化中，有兩部「聖經」，此兩部「聖經」，即「易經」與「論語」也。這是我們黃帝子孫最值得驕傲之事。

丙、春秋乃世道衰微時之警鐘：

一、孟子說：「王者之迹熄而詩亡，詩亡而後春秋作。」

二、太史公自序說：「春秋以道義，撥亂世，反之正，莫近於春秋。」春秋藉魯史以正名分，辨義利，兼綜經、史，隱寓微言大義，使亂臣賊子知所戒懼。所以太史公又說：「其事則齊桓、晉文，其文則史。」而孔子曰：「其義則丘竊取之矣。」

三、董仲舒說：「春秋是發皇天人之義，劉向則強調災異符瑞之驗，欲以災異機祥儆戒人主，使其畏忌，不致恣縱專橫。

四、漢儒重通經致用，有所謂「以禹貢治河，以洪範察變，以春秋決獄，以三百五篇當諫書。」

五、孔子感周道衰微，乃因魯史以彰大義，欲以懲惡勸善，存王迹於筆削之文。

六、當今之世，邪說橫決，暴行猖獗，較之春秋之時更甚。尤其道德之淪喪，急功趨利，儌一時之幸，逞個人之慾，日甚一日。

順初兄在這短短兩年之中，有此兩大鉅著出版，不但闡發了易經之精微，又將論語之精義，一一發揮。更有感於世道之式微，用春秋之筆，以褒善貶惡，嘉勳罰罪，期能導正人心，彰顯綱紀，以維倫常；其居心之善，用心之苦，非熱血愛國之士，焉能如此？

順初兄繼「天均詩文集」之後，再付梓「天均詩文續集」，此不僅僅是個人成就之呈現，亦為匡正社會風氣之鉅獻。感奮之餘，特為之序。

天均詩文集㈡自序

鄒順初

春雨綿綿，獨坐書齋，原已滋生煩念，奈何國是蜩螗，報張電視，乖談謬論，益增煩心，唯有拒聽拒看，藉養老耆心性，值茲余所著天均詩文集業已成書問世，而中華易學會千禧年百友文集徵文，筆者亦已以「春秋縱橫談」為題述作壹萬餘言成稿送出，閒來無事，順手打開書桌抽屜，得數十年來余之備忘錄三本，隨興翻閱，發覺所錄字句，讀之鏘鏘有聲，趣味叢生，非但起敬之心油然而生，且不忍釋手，蓋其所言，均先儒先進之佳作也，特加以分類為：「詩詞摘粹，聯語掇綺，雅言回味，短椾含章，妙語如珠，趣事趣談，佳言嘉語」等七大類予以整理成篇，茲以中華易學研究季刊一再索稿，復以「試談論語」為題敘述五萬餘言亦已成稿送出，特將年來吟唱以及未列入「天均詩文集」之各種述作，以「春秋縱橫談」及「試談論語」為主題彙成「天均詩文續集」，以餉讀者，幸盼方家教政，以為序。

天均詩文集㈡　目錄

序文

甲、詩詞聯語

壹、詩

貳、詞

乙、備忘錄集錦

丙、各種述作

丁、散文摘錄

甲　詩詞聯語

壹、詩

九二一集集大地震記實

其一

夜闌倏聞似雷鳴，地動天搖萬物傾，莫可奈何心欲碎，蒼穹作祟鬼神驚。

其二

搖搖幌幌似乘船，品物橫飛何異顛，夢裏驚醒身在地，張惶失措喚蒼天。

其三

近百年來第一遭，走山塌屋路成壕，哀鴻遍野安忍睹，碧翠峰巒變土陶。

註：民國八十八年九月二十一日台灣南投縣集集鎮遭逢百年難見之七點三大地震，一時地動山搖，房屋倒塌無數，死亡人數貳千餘，受傷人口萬計，順初家住台中縣霧峰鄉成功路二百三十六號七樓，因鄰近震央，致順初被震由床上跌落于地，除身受創傷外，家中所有家私全部傾倒，被毀，房屋傾斜龜裂，不堪居住，因而遷居台北，嗣返霧峰收拾震後現場，見一生心血，毀之一旦，傷心之餘，故吟唱如上，以助讀者及爾後子孫了解地震之可怕也。

賀張理事長廷榮教授八秩晉四華誕　庚辰春正月

瀛海誠心慶壽箋，神仙歲月不知年，物華任聽逢春轉，世態何懮與日遷，敬謝辛勤傳率性，還謙不倦習隨緣，而今且受吾曹賀，願頌長青樂萬千。

註：張老師農曆正月初三華誕，同道相聚祝賀，特代撰以誌。

國民黨參選總統有感　八十九年三月

公平選舉倡民權，奸佞狂夫汗漫天，可惡梟雄師詭譎，猶憐老稚妄稱賢，是非成敗不反縮，寡恥鮮廉到處炫，但願仁人張正義，惜緣惜福樂無邊。

國民黨喪失政權

其一

建黨而今已百年，英豪隕歿慟幾千，遙憐烈士枉捐血，一片丹心墜九淵。

其二

黨國莫分八九春，祇緣阻禍利拯民，柰何天不從人願，暫把為君化作臣。

賀張理事長廷榮教授教學五十週年誌慶

九秩春秋志氣充，經書詩禮啟群懵，安貧自許顏淵樂，傳道人稱孔孟風，諸子百家收眼底，釋迦六祖慧心同，而今桃李滿天下，浩汗儒林不倒翁。

八掌溪工人失救有感

其一

晴空萬里暴山洪，碧澗藍天浩蕩中，八掌溪頭冤鬼顯，柰何公僕悉成瞢。

其二

天災人禍本相連，礎雨月風示已箋，只惜時人多弗識，徒添冤孽有誰憐。

詠新總統就任不及三月浩蕩訪非洲

內政不修履外交，倒行逆施苦民胞，若非黎庶逢劫數，應咎飛龍原是蛟。

夢中得句　民國九十年農曆正月初三

心性生日月，志豪彌乾坤，欲求長青道，先入菩提門。

詠印巴邊境大地震

其一

地裂天崩人斷魂，樓傾屋塌似童嶟，蒼穹不憫無可奈，待救災黎自是惛。

其二

印巴邊境霆霓鳴，七九風雲天地驚，無數生靈化作鬼，神仙魍魎亦傷情。

註：二〇〇一年元月二十六日印度與巴基斯坦邊境遭逢瑞氏儀七點九級強大地震，電視銀幕顯示，數十層大廈傾圮，平房倒塌無數，活埋人畜難計，已知死傷十餘萬人，馬路斷裂，無法通行，災黎嗷嗷待救，誠人間慘狀也，個人因曾遭受台灣九二一（七點三）之大地震之苦，其驚恐之情仍難忘懷，特賦詩以誌之。

余年八十有二胞兄斌初自家鄉賦詩誌慶

百花直鬧艷陽天，我弟此時開壽筵，引領茫茫海水闊，凝思耿耿紫荊妍，華封三祝和平日，詩叶九如大有年，脈脈含情兄致意，迢迢遠隔共嬋娟。

和斌兄為余八十二慶壽

濛濛煙雨三春天，境困時艱辟張筵，兄弟暌違悁世亂，兒孫四散幸均妍，親情款款慶今日，摯友拳拳賀壽年，似此人生當惜福，私邀知我共嬋娟。

感時事

其一

胡作非為比比是，離仁畔義準遭殃，人君忘卻黎庶苦，肯定黃梁夢一場。

其二

愚行乖事似無刑，殺子離妻又自經，衹惜不諳人世苦，惛惛懵懵入幽冥。

註：台灣自民進黨主政以來，禍亂頻仍，搶奪竊盜不斷，殺人縱火時聞，究其原因，皆執政當局胡作非為，如原政府經立法院通過之興建核能四廠，以利經濟發展，不料，新任政府憑意識形態反核而驟然宣佈停建，非但導致有形無形損失新台幣壹百餘億元，尤其引起外資對政府不信任心理而暗中將資金外移，因而導致經濟日衰，股票一蹶不振，嗣因反對蠭起，忽又宣佈續建，但仍猶豫不前，由于政策不定經濟不振，以致到處裁員而成失業人口劇增，據電視報導，當前失業人口已達五十餘萬人，若將其家屬列入，已達百餘萬人難以為生，以致自殺者日有所聞，九十年八月三十日晨電視報導，台北某地︵似三重市︶有陳姓男子因失業日久，兼與其妻離異有年，因付不出房租，竟將十齡左右之子女二人勒斃後，留下遺書，而上吊身亡，迨鄰居嗅覺異味，才報警破門而入，發覺已死亡多日，如此人間慘事，何以致此？我政府仍可漠視無聞耶！哀哉，令人不勝浩歎，特賦七絕二首以誌。

詠紐約遭劫機突襲

其一　世貿被炸

劫機自殺炸高樓，血肉橫飛掀世仇，一時慌亂無所措，袞袞列強盡含羞。

其二　悼念世貿

萬丈高樓成歷史，風光世紀入詩篇，而今而後慊悼念，綺麗英名幸可傳。

其三　被炸因果

驟遭襲擊問前因，奪利爭權罪孽甡，未習修盟未重信，難免生靈化灰塵。

其四　被炸情景

一聲巨響塵沖天，紅燄灰煙耀眼前，彷似南柯又入夢，誰知劫難苦連連。

其五　劫後感懷

紐約遭襲舉世奇，兇神惡煞無人知，號稱天下第一國，頃刻蛻成不訾蚩。

說明：九〇（二〇〇一）年九月十一日紐約時間上午十時許，電視報導紐約世貿大樓遭恐怖份子劫持美國最大航空兩家公司空運旅客飛機八架之多，先後在二十分鐘內以兩架採自殺式撞擊雙子星大樓，引起爆炸坍塌，另一架在同一時間撞擊華盛頓五角大廈（美軍事指揮中心），爆炸部份被毀，且傳美國會山莊與大衛營、白宮等處均遭突襲爆炸，死傷人數萬計，一時之間，美國無論是經濟、政治、軍事、情報頓時為之癱瘓，無法動彈，美總統布希于事發後先後三度發表談話，宣佈全國進入緊急狀態，關閉機場港口，禁止出入美國，金融市場休市，三軍備戰，一時之間，使整個世界人心惶惶，初傳係巴酋所為，繼傳為沙烏地阿拉伯人回教恐怖份子首腦賓拉登為幕後主導者，迄仍難定罪魁禍首，由此觀之，顯示美國雖自詡強大，實則虛有其表，但影響所及，次日（十二）日無論歐亞各國股市，不是崩盤，即宣佈休市（台灣係宣佈股匯市全休），整個世界猶如驚弓之鳥，惶惶不安，特賦詩以誌之。

詠納莉颱風襲北台灣

其一

詭譎多端納莉颱，初成東海任徘徊，百年難見乖戾　，雨急風狂造水災。

其二

台北街頭陳百川，行人涉水寸心懸，應是蒼天譴庶政，無辜哀鴻苦萬千。

其三

無情水淹北台灣，鬧市繁區澤一般，求救災黎聲四起，令人心悸淚潸潸。

說明：納莉颱風于民九〇年九月上旬成形于西太平洋琉球群島，氣象局曾發佈海上颱風警報，嗣因其停滯不動，故又解除海上警報，不料納莉颱風忽以每小時八海哩之行徑向西南接近台灣，自形成走走停停長達十三天之久，于九月十五日黃昏于台灣東海岸蘇澳登陸，台北、基隆、宜蘭、花蓮各縣市首當其衝，繼即南移，高屏均受其害，整個台灣本島，包括金門澎湖無一倖免其害，其在陸地侵襲竟長達六十小時左右，降雨量之多，為兩百年來所僅見，從北到南無論市區鄉村全成水鄉澤國，堪稱滿目瘡痍，死傷參百餘人，受害災民則以百萬計，財物損失當以千億計，尤以基隆汐止等地，淹水高達三層樓房，北市街頭變成河渠，行人及災黎均需橡皮艇強渡，其災情之慘，前所未見，特賦詩以誌。

偶成

歲暮寒冬會一堂，五倫之外創新章，勸君珍惜眼前景，拋卻閒愁入醉鄉。

壬午逢辰感懷

七律二首

其一

詩書禮樂日相親，七十餘年潤我神，國是蜩螗心耿耿，鄉思萬縷惓頻頻，家山老友如螻蟻，珂里彊梁似蚡蝓，祇謝同仁情義盛，珍饈筵上祝長春。

其二

八二年光似水流，天時人事兩悠悠，勞生多病難與語，游子才疏媿又羞，弱冠離鄉期壯志，耄耋歸里慊不酬，莫言四海為家苦，歷盡丹邱萬象幽。

七絕二首

其一

世亂時艱事業空，兒孫四散各西東，而今最怕慶生日，骨肉相逢魂夢中。

其二

一年容易又逢春，萬斛愁情萬斛因，老邁自來多寂寞，何須計較樂天倫。

陳新嘉兄和壬午逢辰感懷

七律二首

其一

至友良朋日益親，詩書來往可通神，迷雲掩蔽迴峰雁，潛海浮沈逐浪輪，暖日碧波無限好，良辰美景不勝頻，但願一醉人長壽，共慶台瀛四季春。

其二

花開四季水東流，桃李爭妍韻獨悠，健步不須憑他助，寄聲無奈何為羞，一陽來復傳芳訊，萬物昭蘇仰唱酬，天錫遐齡仁者壽，壺觴射覆滿院幽。

七絕二首

其一

正氣歌聲破碧空，八方多難任西東，春回倚劍望征雁，萬里家山一夢中。

其二

細雨輕寒報早春，重磨寶劍豈無因，老兵頭白雄心在，顯赫何曾異等倫。

胞兄斌初和壬午逢辰感懷

七律二首

其一

人間共處友誼親，旦旦天天形伴神，國是日非心耿耿，鄉思不已念頻頻，家山老耆僅存幾，珂里故知多似蝓，難得同仁情義好，顏開笑逐祝長春。

其二

多少年華似水流，人間事事總悠悠，既傷疾病勤勞苦，又感才疏悔愧羞，萬里征鴻勤鬥志，荒梁飢燕懶作酬，遨遊四海男兒慣，放寬胸懷心自幽。

七絕二首

其一

兩袖清風志不空，兒孫奔走自西東，生辰最喜是春日，如夢濛濛一貫中。

其二

跨過一年又是春，愁情不斷總多因，老人寂寞甘為樂，思貫古今自有倫。

貳、詞

卜算子　談改革

黨是靠基層，國是依民意。欲達光榮郁政績，悉賴忠誠備。改革忌空談，最怕權謀戲，枉直嚴明若自欺，儘失容身地。

念奴嬌　嗟選舉

海疆孤島，看形勢，台北是中樞域。論選舉中華總統，使盡權謀奸戰。黑地昏天，無情缺義，鮮有人情習，憶成功子，消磨多少心力。為反清踞台澎，風光繹世，勛業輝煌歷。日寇乘機豪略地，世紀烽煙既熄。蔣氏精明，拓荒盛治，應許繁華邑，時君心怪，棄江山作魁魆。

滿江紅　惜江山

哪吒風雲，斯已矣，功勳縹緲。人惆悵，心神鬱悒，一生難療，六代秦淮歌舞地，陵園旖旎環相繞。莫奈菁英盡失機緣，空窈窕，思曩昔，愁腸絞，懷故土，情何了。可憐眾鷹犬，守愚猶矯。只嘆王師宏願迷，江山依舊回歸渺，到而今只有待天時，迎春曉。

沁園春　勘時勢

天伐孽臣，如晦江山，夙夜隱憂。嘆人生幾許，風塵境裏，飛黃騰達，未必悠久。介石元戎，澤東忌世，千萬生靈隆蕪坵。中原事，恚西洋覬覦，國共成仇。烽煙氣息不休。占一卦，難明今後尤。問台澎新主，有何妙計，安邦定國，可繫民庥。華夏江君，四方屏障，能否焉然化俗流。勘時情，兩岸無長策，當早籌謀。

為聶貫品兄改填西江月　金婚遣懷

世亂雙飛瀛島，當年意在遨遊，而今情景樂悠悠，五十年來小就。妻賢兒孫毓秀，金婚美境均收，鰜鰈依舊話風流，誰說青春已走。

參、聯語

賀中華易學研究會徐理事長繼顯七秩晉五雙壽大慶

繼往開來鴻案齊眉春不老
顯而易見海屋籌添壽同登

賀中華易學研究會馮副理事長家金七秩晉一雙壽大慶

家烝共舞瑤池會慶新歲月
金鐸爭鳴海屋添籌富春秋

賀中華易學研究會李秘書長長宋恭花甲誌慶

宋儒啟易理傳自然法則求青春永駐
恭館藏金縢制天佑良方乞福壽無疆

賀中華易學研究會賴道長淮七秩晉七雙壽誌慶

世賴仁民天錫壽
江淮潤澤人多年

賀中華易學研究會明道長鳳彩七秩晉三壽慶

鳳翥龍翔瑤池會慶三千載
彩衣袨服海屋歡度百萬秋

賀余賢契培林教授七秩雙壽大慶

培敦齊家鴻案千秋春不老
林讚治學鶴算歲月壽同登

乙 備忘錄集錦

壹、詩詞摘粹

詩歌釋義：詩者，志之所之也，在心為志，發言為詩，情動于中而形于言，言之不足，故嗟嘆之，嗟嘆之不足，故詠歌之，詠歌之不足，不知手之、舞之、足之、蹈之也，情發于聲，聲成文，謂之音，治世之音安以樂，其政和，亂世之音怨以怒，其政乖，亡國之音哀以思，其民困，故正得失，動天地，感鬼神，莫近于詩，先王以是經夫婦，成孝敬，厚人倫，美教化，移風俗，故詩有六義焉，一曰風，二曰賦，三曰比，四曰興，五曰雅，六曰頌，上以風化下，下以諷刺上，主文而譎諫，言之者無罪，聞之者足以戒，故曰風，至於王道之衰，禮義廢，政教失，國異政，家殊俗，而變風變雅作矣，國史明乎得失之迹，傷人倫之廢，哀刑政之苛，吟詠情性，以風其上，達于事變，而懷其舊俗者也，故變風發乎情，止乎禮義，發乎情，民之性也，止乎禮義，先王之澤也。是以一國之事，繫一人之本，謂之風，言天下之事，行四方之風謂之雅，雅者正也，言王政之所由廢興也，政有大小，故有小雅焉，大雅焉。頌者，美盛德之形容，以其成功告于神明者也，是謂四始，詩之至也。

詩：

陸放翁詠沈園

其一

城上斜陽畫角哀，沈園非復舊池台，傷心橋下春波綠，曾是驚鴻照影來。

其二

夢斷香消四十年，沈園柳老不飛綿，此身行作稽山土，猶吊遺蹤一泫然。

復到沈園

楓葉初丹槲葉黃，河陽愁鬢怯新霜，林亭感舊空回首，泉路憑誰說斷腸，壞壁碎題塵漠漠，斷雲幽夢事茫茫，年年妄念消除盡，回向蒲龍一炷香。

夢遊沈園

路到城南已怕行，沈家園裏更傷情，香穿客袖梅花在，綠蘸寺橋春水生。

元謝枋得感懷

萬古綱常擔上肩，脊梁鐵硬對皇天，人生芳穢有千載，世上榮枯無百年。

杜牧題揚州禪智寺詩

六朝文物草連空，天澹雲閒今古同，鳥去鳥來山色裡，人歌人哭水聲中，深秋簾幕千家雨，落日樓台一笛風，惆悵無因見范蠡，參差煙樹五湖東。

巧藏三十六計詩

詩曰：「金玉擅公策，借以擒劫賊，魚蛇海間笑，羊虎桃桑隔，樹暗走痴故，釜空苦遠客，屋樑有美屍，擊魏連伐虢。」全詩除「擅公策」三字外，每字都是三十六計中的一個字，依次為：金蟬脫殼，拋磚引玉，借刀殺人，以逸待勞，擒賊擒王，趁火打劫，關門捉賊，混水摸魚，打草驚蛇，瞞天過海，反間計，笑裡藏刀，順手牽羊，調虎離山，李代桃僵，指桑罵槐，隔岸觀火，樹上開花，暗渡陳倉，走為上策，假痴不癲，欲擒故縱，釜底抽薪，空城計，苦肉計，遠交近攻，反客為主，上屋抽梯，偷樑換柱，無中生有，美人計，借屍還魂，聲東擊西，圍魏救趙，連環計，假途伐虢。

清鄭板橋任山東濰縣縣令時，判僧尼通姦，深以人有七情六慾為常情，乃判其還俗，並作詩定案，詩云：

一年葫蘆一年瓢，合來一處好成桃，從今入定風規寂，此後敲門月影搖，鳥性悅時空即色，蓮花落處靜偏嬌，是誰勾卻風流案，記取當堂鄭板橋。

宋代李禺所賦回文詩，「憶」，順讀為夫憶妻，父憶兒，倒讀則變為妻憶夫，兒憶父。詩曰：

枯眼望遙山隔水，往來曾見幾心知，壺空怕酌一杯酒，筆下難成和韻詩，途路隔人離別久，訊音無雁寄回遲，孤燈夜守長寥寂，夫憶妻兮父憶兒。

倒讀為兒憶父兮妻憶夫，寂寥長守夜燈孤；其餘倣此，真可謂奇文奇詩也。

宋蘇軾東坡居士回文詩：

潮隨暗浪雪山傾，遠浦漁舟釣月明，橋對寺門松徑小，巷當泉眼石波清，迢迢遠樹江天曉，靄靄紅霞晚日晴，遙望四山雲接水，碧峰千點數鷗輕。

洞庭夜遊疊字詩文曰：「半邊明月照君山水一灣湖萬里水歸還」，吟為：

半邊明月照君山，月照君山水一灣，山水一灣湖萬里，灣湖萬里水歸還。

柳亞子讀猶太愛國女伶羅情傳，所賦七絕：

沉淪古國二千載，寥落遺民五大洲，慘絕兒女花放日，河山破碎一身愁。蓬梗萍飄淚不乾，子遺民族自由難，排除羅網出門去，影照庭階霜雪寒，英雄兒女亦奇男，國破家亡百不堪，優孟衣冠親說法，那教同種不辛酸。一曲驚鴻總可悲，舞台開庭斷腸時，鮫綃淚漬三千斛，染出同胞獨立族。風潮鼓吹竟難忘，繞指柔情百煉鋼，寄語堂堂英宰相，可為民族建榮光。〔註：當年英前首相狄斯累利亦猶太人。〕

明羅洪先因事罷歸，勸世詩三則：

其一

要無煩惱要無憂，本分隨緣莫強求，無益言語休著口，非干己事勿當頭，人間富貴花間露，紙上功名水上浮，勘破世情天理趣，人生何用苦營謀。

其二

有有無無宜耐煩，勞勞碌碌幾時閒，人心曲曲灣灣水，世事重重疊疊山，古古今今多改變，貧貧富富有循環，將將就就隨時過，苦苦甜甜命一般。

其三

衣食無虧便好休，人生世上一蜉蝣，石崇未享千年富，韓信空成十面謀，花滿三春鶯帶恨，菊開九月雁含愁，山林幽靜多情趣，何必榮封萬戶侯。

節氣詩：

春雨驚春清穀天，夏滿芒夏暑相連，秋處露秋寒霜降，冬雪雪冬小大寒。

註：此詩是將立春、雨水、驚蟄，春分、清明、穀雨、立夏、小滿、芒種、夏至、小暑、大暑、立秋、處暑、白露、秋分、寒露、霜降、立冬、小雪、大雪、冬至、小寒、大寒等二十四個節氣均包含其中。

七律兩首均含一至十及百、千、萬數字，原載世副：

其一

百尺樓頭花一溪，七香車斷五陵西，六樓遙望三湘水，八載空驚半夜雞，風急九秋隻燕去，雲開四面萬山齊，子規不解愁千里，十二時中兩兩啼。

其二

六曲國屏九曲溪，尺書五夜寄遼西，銀河七夕秋填鵲，玉枕三更冷醃雞，道路十千腸欲斷，年華二八髮初齊，情波萬丈心一如，四月山深百舌啼。

清袁枚賦秋夜回文詩：

煙深臥閣草凝愁，冷夢驚回幾樹秋，懸壁四山雲上下，隔簾一水月沉浮，翩翩影落飛鴻雁，皎皎光寒照斗牛，前路客歸螢點點，邊城夜火似流星。

註：此詩可倒讀，如末句讀為：「星流似火夜城邊」，以下倣此。

元王冕隱居山林，特喜梅花，其居所自題為梅花屋，自稱梅花屋主，**賦有「梅花**

屋」詩：

荒苔叢筱路縈迴，繞澗新栽百樹梅，花落不隨流水去，鶴歸常伴白雲來，買山自得居山趣，處世渾無濟世才，昨夜月明天似洗，嘯歌行上讀書臺。

廉吏與廉詩

明于謙讚羊續拒賄詩：

喜剩門前無賀客，絕勝廚傳有懸魚，清風一枕南窗下，閒閱床頭幾卷書。

明主考官李汰拒賄詩：

義利源頭識頗真，黃金難換腐儒貧，莫言暮夜無知者，應曉乾坤有鬼神。

明監察御史吳納拒貴州司送黃金詩：

蕭蕭行李向東還，要過前途最險灘，若有贓私並土物，任教沉在碧波間。

抗戰詩歌

河北宛平縣縣長王冷齋記蘆溝橋：

其一

長虹萬丈跨蘆溝，勝利流專七百秋，橋上睡獅今漸醒，似知匕首已臨頭。

其二

暗影沉沉夜戰酣，大刀隊裡出奇男，霜鋒閃處寒倭膽，牧馬胡兒不敢南。

郝夢齡軍長殉國，王沂暖吊言詩：

錯鐵真堪鑄九州，太行北望淚交流，萬全不守大同失，誰似將軍欲斷頭。

書法家林散之目睹南京大屠殺，記劫後南京：

白日淒迷路，倉惶走故都，川途憶彷彿，血肉認模糊，玄武多新壘，黃炎空舊圖，蒼涼一天雨，洒遍莫愁湖。

楊文元賦哀金陵：

金陵自古帝王州，虎踞龍盤孰與儔，倭寇瘋狂咆嘯至，腥風雪雨滿街頭。

浙大教授王季思記西湖蒙垢情景：

寒碧琤琮出石根，翠禽無語向黃昏，春來萬樹桃花發，更與西湖添淚痕。

上海工商業家胡厥文詠台兒莊勝利：

反攻端仗軍心固，卻敵還憑戰術工，將帥鬢添幾莖白，士兵血染一山紅。

雲貴監察史李根源立誓抗戰到底：

攘夷大義秉春秋，雪恥爭存報國仇，痛飲黃龍一樽酒，從容收拾舊神州。

作家老舍詠潼關炮聲抒感：

瓦礫縱橫千萬家，潼關依舊障京華，荒丘雨後蔭青草，惡浪風前翻血花，堪笑晴雷驚鳥雀，誓憑古渡鬥犬蛇，山河浩氣爭存滅，自有軍容燦早霞。

參議員童杭賦抗戰勝利：

運籌帷幄用兵奇，決勝已臨最後時，佇看降軍盈百萬，多方妙算退雄師。

書畫家邵散木聞日軍乞降感賦：

十年魚眼望王師，壁壘驚聞一夕移，信有秋風吹敗葉，居然覆局定殘棋，夢回頓覺肝腸熱，客至翻教涕淚垂，自惜逡巡紆九世，餘生真見漢官儀。

李白詠廬山五老峰

廬山東南五老峰，青天削出金芙蓉，九江秀色可攬結，吾將此地巢雲松。

蘇軾詠廬山

橫看成嶺倒成峰，遠近高低各不同，不識廬山真面目，只緣身在此山中。

朱元璋詠廬山

廬山竹影幾千秋，雲頂高峰水自流，萬里長江飄玉帶，一輪明月滾金〈晶〉球，路遙西北三千界，勢壓東南百萬州，美景一時觀不盡，天緣有份再來遊。

毛澤東詠廬山

一山飛峙大江邊，躍上葱蘢四百旋，冷眼向洋看世界，熱氣〈風〉吹雨灑江天，雲橫九派浮黃鶴，浪下三吳起白煙，陶令不知何處去，桃花源裏可耕田。

詞：

南鄉子——宋辛棄疾

何處望神州，滿眼風光北固樓，千古興亡多少事，悠悠，不盡長江滾滾流，年少萬兜鍪，坐斷東南戰未休，天下英雄誰敵手，曹劉，生子當如孫仲謀。

浣溪沙——宋吳文英〔南宋詞宗〕

門隔花深夢舊遊，夕陽無語燕歸愁，玉纖香動小簾鉤，落絮無聲春墮淚，行雲有影月含羞，東風入夜冷于秋。

散曲—撥不斷—馬致遠（元四大家之一）

利名竭，是非絕，紅塵不向門前惹，綠樹偏宜屋角遮，青山正補牆頭缺，竹籬茅舍。

夜行船—馬致遠

百歲光陰一夢蝶，重回首往事堪嗟，今日春來，明朝花謝，急罰盞夜筵燈滅。

散曲—秋思—元黃芫

枯籐老樹昏鴉，小橋流水人家，古道西風瘦馬，夕陽西下，斷腸人在天涯。

一剪梅—宋李清照（女）

紅藕香殘玉簟秋，輕解羅裳，獨上蘭舟，雲中誰寄錦書來，雁字回時，月滿西樓，花自飄零水自流，一種相思，兩種閒愁，此情無計可消除，才下眉頭，卻上心頭。

清平樂—後主李煜

別來春半，觸目愁腸斷，砌下落梅如雪亂，拂了一身還滿，雁來音信無憑，路遙歸夢難成，離恨恰如春草，更行更遠還生。

攤破浣溪沙—秋恨—南唐中宗

菡萏香銷翠葉殘，西風愁起綠波間，還與韶光共憔悴，不堪看，細雨夢回雞塞遠，小樓吹徹玉笙寒，多少淚珠何限恨，倚闌干。

浣溪沙—春恨—宋晏殊

一曲新詞酒一杯，去年天氣舊池台，夕陽西下幾時迴，無可奈何花落去，似曾相識燕歸來，小園香徑獨徘徊。

漁家傲—秋思—宋范仲淹

塞下秋來風景異，衡陽雁去無留意，四面邊聲連角起，千嶂裏，長煙落日孤城閉，濁酒一杯家萬里，燕然未勒歸無計，羌管悠悠霜滿地，人不寐，將軍白髮征夫淚。

釵頭鳳—唐氏〔陸放翁前妻〕

世情薄，人情惡，雨送黃昏花易落，曉風乾，淚痕殘，欲箋心事，獨語斜闌，難、難、難，人成各，今非昨，病魂長似秋千索，角聲寒，夜闌珊，怕人尋問，咽淚裝歡，瞞、瞞、瞞。

訴衷情—宋陸放翁

當年萬里覓封侯，匹馬戍梁州。關河夢斷何處，塵暗舊貂裘，胡未滅，鬢先秋，淚空流，此生誰料，心在天山，身老滄洲。

武陵春—宋李清照

風住塵香花已盡，日晚倦梳頭，物是人非事事休，欲語淚先流。聞說雙溪春尚好，也擬泛輕舟。只恐雙溪舴艋舟，載不動，許多愁。

江城子—宋蘇軾

老夫聊發少年狂，左牽黃，右掣蒼，錦帽貂裘，千騎卷平岡。為報傾城隨太守，親射虎，看孫郎。酒酣照膽尚開張，鬢微霜，有何防，持節雲中，何日遣馮唐，會挽雕弓如滿月，西北望，射天狼。

玉樓春——宋歐陽修

尊前擬把歸期說，未語春容先慘咽，人生自是有情癡，此恨不關風與月。離歌且莫翻新闋，一曲能教腸寸結，直須看盡洛陽花，始共東風容易別。

夢江南——唐溫庭筠

梳洗罷，獨倚望江樓，過盡千帆皆不是，斜暉脈脈水悠悠，腸斷白蘋洲。

臨江仙——評三國演義——楊慎

滾滾長江東逝水，浪花淘盡英雄，是非成敗轉頭空，青山依舊在，幾度夕陽紅。白髮漁樵江渚上，慣看秋月春風，一壺濁酒喜相逢，古今多少事，都付笑談中。

念奴嬌——宋蘇軾

大江東去，浪淘盡，千古風流人物，故壘西邊，人道是三國周郎赤。亂石穿空，驚濤拍岸，捲起千堆雪，江山如畫，一時多少豪傑。遙想公瑾當年，小喬初嫁了，雄姿英發，羽扇綸巾，談笑間，強虜灰飛煙滅。故國神遊，多情應笑我，早生華髮，人生如夢，一尊還酹江月。

蝶戀花——宋歐陽修

庭院深深深幾許，楊柳堆煙，簾幕無重數，玉勒雕鞍遊冶處，樓高不見章台路。雨橫風狂三月暮，門掩黃昏，無計留春住，淚眼問花花不語，亂紅飛過秋千去。

浪淘沙——後主李煜

往事只堪哀，對景難排，秋風庭院蘚侵階。一任珠簾閑不捲，終日誰來，金劍已沉埋，壯氣蒿萊，晚涼天淨月華開。想得玉樓瑤殿影，空照秦淮。

貳、聯語掇綺

水闊憑魚躍；枝高引鳳棲。
建新資偉略；邦定仗雄才。
正氣彌天地；綱常耀古今。
進德心常泰；臨池興自豪。
易象天行健；盤銘日又新。
事不三思終有悔；氣能一忍自無憂。
豪情干碧漢；章志紀凌煙。
登高臨遠襟懷闊；鴻潮鵬搏際遇隆。
虹貫荊卿之心，而見者以為淫氛；
碧化萇弘之血，而覽者以為頑石。
傳說龍翔殷朝；尚父鷹揚周室。
晚霞明似錦；春雨細如絲。
心羅錦銹；口吐珠璣。

辯口懸河萬語千言常亹亹；詞源倒峽連篇累牘自滔滔。
萬事從人，有花有酒應自樂；
百年皆客，一邱一壑儘吾豪。
留客酒懷應恨少；動人詩句不須多。
盛世春光多綺麗；太平歲月不迷離。
橫批：萬里江山笑迎人
放一夜鞭炮轟出舊歲；開兩扇大門請進新年。
橫批：迎春接福
慈濟眾生，希望常歡樂；
悲愛有情，但願得離苦。
中國能台灣歡睦大陸樂；兒孫有日月襟懷杜柏身。
雲迷楚岫南宮跡；墨染吳山北苑風。

宣化上人撰聯為其侄在美主婚

光頭禿眉銀鬚飄洒南極仙翁降臨祝嘏賀禧；輪耳寬額赤膽忠誠諸方英俊赴宴源遠流長。

斌兄賀聶中庸舅壽聯

中道中和壽宇崇矣；庸人庸德福履綏之。

成都望江樓聯

望江樓，望江流，望江樓上望江流，江樓千古，江流千古；

映月井，映月影，映月井裏映月影，月井萬年，月影萬年。

寂寞對逍遙　原載世副

寂寞守寒窗，寡室安容寄客宿；
逍遙遊遠道，迷途邂逅遇逢迎。

炭黑，火紅，灰似雪；
麥黃，麩赤，麵如霜。

鰍短鱔長鰻有耳，一串無鱗；
龜圓鱉扁蟹無頭，三個有殼。

曲阜孔廟大成殿聯

其一　清雍正帝題

覺世牖民，詩書易象春秋，永垂道統；
出類拔萃，河海泰山麟鳳，莫喻聖人。

其二　清乾隆帝題

氣備四時，與天地鬼神日月合其德；
教垂萬世，繼堯舜禹湯文武作之師。

昆明大觀樓長聯　孫髯翁撰

五百里滇池，奔來眼底，披襟岸幘，喜茫茫空闊無邊，看東驤神駿，西翥靈儀，北走
蜿蜒，南翔縞素，高人韻士，何妨選勝登臨，趁蟹嶼螺洲，梳裏就風鬟霧鬢，更蘋天

葦地，點綴些翠羽丹霞，莫孤負四圍香稻，萬頃晴沙，九夏芙蓉，三春楊柳；數千年往事，注到心頭，把酒凌虛，嘆滾滾英雄安在，想漢習樓船，唐標鐵柱，宋揮玉斧，元跨革囊，偉烈豐功，費盡移山心力，儘珠簾畫棟，卷不盡暮雨朝雲，便斷碣殘碑，都付與蒼煙落照。只贏得幾杵疏鐘，半江漁火，兩行秋雁，一枕清霜。

清貴州巡撫請王柏心先生撰聯為道光慶壽

順天心，康民物，雍雍其度，乾乾其體，嘉慧普群生，道統昭德，羲農堯舜；治道著，熙績淳，正正之容，隆隆之聲，慶雲輝五色，光華奪目，日月星辰。

註：此聯收順治、康熙、雍正、乾隆、嘉慶、道光六位皇帝朝代名均嵌入聯內，若無高深才智者，絕難如願，真絕對也。

拆字趣聯

其一

四口同工造器，口多工少；〔器字拆開為口工〕
二人抬木即來，人短木長。〔來字拆開為人木〕

其二

竹寺等僧歸，雙手拜四維羅漢；〔等、拜、羅三字拆開〕
木門閑客至，兩山出小大尖峰。〔閑、出、尖三字拆開〕

諧音妙聯

天心閣，閣落鴿，鴿飛閣未飛；

水陸洲，洲停舟，舟行洲不行。

方位妙聯

北雁南飛，雙翅東西分上下；
前車後轍，兩輪左右走高低。

西湖天下景亭聯

水水山山，處處明明秀秀；
晴晴雨雨，時時好好奇奇。

揚州二十四橋聯

勝地據淮南，看雲影當空，與水平分秋色；
扁舟過橋下，聞簫聲何處，有人吹到三更。

參、雅言回味

宋陸游

升沉自古無窮事，愚智同歸有限年。

無名氏

投石之卵雖危，拒輪之臂猶奮，槁木暫榮，寒灰稍暖，開緘感切，涕咽難勝。

眾先賢名句名言

夫志正則眾邪不生，心靜則眾事不躁，思慮審定，則教令不煩，親用忠良，則遠近協服，恭為德首，慎為行基，思君日積，計辰傾遲。文之所貴者，氣也，然必神樸而思潔者御之，先人孝友之風墜，則家必不長。鳥之飛也迎風，魚之游也逆水，此為大事當前，須以身入，方得就理，人以文顯，文以人傳。

在文言文，雖功德崇，不若情辭之動人心目也，遙跂清暉，徒勞延佇，蘆風蕭蕭，四無行人。甘受和，白受采，喻人信實質素而無雜行。

師者，人之模範也，所以傳道授業解惑也。

曾國藩

多其察，少其發，酷其罰。

胡林翼

以做百姓之心做官，以治私事之心治事。

俞樾

作詩宜以和婉為宗，歡愉為主，方是福慧，慧則付之自天，福則修之在我。

文化雜錄——三知論

科學真理的追求，是用觀察實驗的方法。哲學真理的追求，是用思考推理的方法。宗教是講信仰，信仰的基礎是真理，有事實根據，有科學根據，合理的理由。

三橫一豎是「王」字，即三才之貫通，即所謂內聖外王之學，也就是知物、知人、知天的三知學。

道林雜記

心有神光通萬世，人間無事不先知。

知言篇

叛辭慚，疑辭枝，吉辭寡，躁辭多，善誣辭游，失守辭屈。

菜根譚

聲妓晚景從良，一世之姻花無礙。

朱子讀書六法

循序漸進，熟讀精思，虛心涵泳，切己體察，著緊用力，居敬持志。

王夫之贊張子〔橫渠〕深入于易，其論易曰：

周易者，天道之顯也，性之藏也，聖功之牖也。陰陽動靜，幽明屈伸誠有之，而神行焉，禮樂之精微存焉，鬼神之化裁出焉，仁義之大用興焉，治亂吉凶生死之數準焉，故夫子曰：彌綸天下之道，以崇德而廣業者也，張子之學，無非易也，即無非詩之志，書之事，禮之節，樂之和，春秋之大法也。〔論〕〔孟〕之要歸也。而張子言無非〔易〕。

王夫子以上所言，可說收〔易經〕大用和大攝全部體現矣。

國父中山先生心理建設自序云：

夫國者，人之積也，人者，心之器也，而國事者，一人群心理之現象也，是故政治之隆污，係于人心之振靡，吾心信其可行，則移山填海之難，終有成功之一日，吾心信其不可行，則反掌折枝之易，亦無收效之期也，心之為用大矣哉，夫心也者，萬事之本源也。

註：吾人今日社會之亂象，國是之日非，可說百年之前，國父即已看出，惜吾人未之遵行也，可嘆可悲。

清初顧亭林與友人論學書云：

愚所謂聖人之道者，為之何？曰博學于文，行己有恥，自一身以至於天下國家，皆學之事也，自子、臣、弟、友，以至出、入、往、來、辭、受、取、與之間，皆有恥之事也，恥之於人大矣，不恥惡衣惡食，而恥其匹夫匹婦之不被其澤，故曰萬物皆備于我矣，反身而誠，嗚呼！士而不先言恥，則為無本之人，非好古而多聞，則為空虛之學，以無本之人，而講空虛之學，吾見其日從事于聖人，而去之彌遠也。

王夫子崇張載，王船山對張子崇信，具見于「張子正蒙注序論」：

嗚呼！張子之學，上志孔孟之志，下救來茲之失，如皎日麗天，無幽不燭，聖人復起，未有能易焉者也。

從以上所注，可說將張子「為天地立心，為生民立命，為往聖繼絕學，為萬世開太平」之本意已說的清清楚楚了。

清初黃梨洲主擴大自我勤勞：

有生之初，人各自私也，各自利也，天下有公利而莫或與之，有公害而莫或除之，有人者出，不以一己之利為利，而使天下受其利，不以一己之害為害，而使天下釋其害，

此其人之勤勞，必千萬于天下之人，夫以千萬倍之勤勞而已，又不享其利。（明夷待訪錄，原君）

清初顏習齋重習行，其評文人書生：

學成矣，則用于世以行之，如不用于世，亦可完吾性兮，以還天地，不著述可也，觀其時，有大理未明，大害未除，不得已而有所著述，以望後世之明之除之，亦可也，若文人之文，書生之書，解之論之，則不必矣。‧‧‧無實功于道統，既不免堯、舜、孔、孟在天者之嘆息，又無實徵于身世，豈能服當日之人心乎。徒以空言相推，駕一時之上。（見存學）

顏習齋習行語要：

寧為一端一節之實，無為全體大用之虛，如六藝不能兼，終身止精一藝可也，學求實得，要性情自慊，則心逸而日休，學求美名，便打點他人，則心勞而日拙，為善克果，其善乃為我有，否則千思萬想，善終不獲。改過必真，其過乃不為我有，否則千悔萬恨，過終不去。

宋陸九淵與符舜功論學者求師之重要：

見諭新工，足見嗜學，吾常謂揚子雲韓退之雖未知道，而識度非常人所及，其言時有所到而不可易者，揚子雲謂：「務學不如求師，師者，人之模範也，模不模，範不範，為不少矣。」韓退之謂：「古之學者必有師，師者，所以傳道授業解惑也，人非生而知之，孰能無惑，惑而不求師，其為惑也，終不解矣。」近世諸儒皆不及此，然後知二公之識，不易及也，吾亦謂論學不如論師，侍師而不能虛心委己，則又不可以罪師，乘便遽甚，遺此不他及。

宋黃庭堅與王子予書：

比來不審讀書何似，想以道義敵紛華之兵，戰勝久矣，古人有言：「并敵一向，千里殺將。」要得心地收汗馬之功，讀書乃有味，棄書策而游息，書味猶在胸中，久之乃見古人用心處，如此則盡心于一兩書，其餘如破竹節皆迎刃而解也，古人常喻植楊，蓋楊天下易生之木也，倒植之而生，横植之而生，一人植之，一人拔之，雖千日之功皆棄，此最善喻，顧衰老終無益于高明，子予以謂如何？

註：黃庭堅，宋熙寧初，教授北京國子監，上文係與王子予論讀書之道，如行軍殺敵然，意志專一，熟讀沉思，反覆研究，切忌隨讀隨棄，卒致一無所成。

明王守仁〔陽明〕與黃誠甫論學：

立志之說，已近煩黷，然為知己言，竟亦不能舍是也，志于道德者，功名不足以累其心，志于功名者，富貴不足以累其心，但近世所謂道德，功名而已，所謂功名，富貴而已，仁人者，正其誼不謀其利，明其道，不計其功，一有謀計之志，則雖正誼明道，亦功利耳。

日仁〔徐愛字也〕又將遠別，會中須時相警發，庶不就弛廢，誠甫之足，自當一日千里，任重道遠，吾非誠甫誰望耶，臨別數語，彼此闇然，終能不忘，乃為深憂。

明張居正答楊二山書：

比來士習人情，漸落晚宋窠臼中，有識者，雖心憂之，而不敢言，僕不揣淺陋，妄有所陳，猥辱高明，特垂鑒獎，感謝感謝。

賈生有言：「使管子而愚人也則可，使管子而少知治體，則豈不為之寒心哉。」今遇清明之朝當改弦之會，而不相與勵翼協力，共圖實事，猶欲守故轍，騖虛詞，則是天下之事，終無可為之時矣，來教謂：「自今祇論事功以為黜陟，凡稱清稱高談玄及議論無實者，一切斥之不顧。」旨哉言乎。

明唐時與徐穆公論西湖比西子：

西湖之妙，余能知之，而西湖之病，余亦能知之，昔人以西湖比西子，人皆知其為譽西子也，而西湖之病，則寓乎其間乎，可見古人比類之工，寓諷之隱，不言西湖無有丈夫氣，但借其聲稱以譽天下之殊色，而人自不察耳，不獨此也，即天半峨嵋，昔人以為譽此山者，無以加焉，由今思之，隱然有引之以入于婦人之數，而不許其獨為丈夫者，穆公其能首肯焉否也。

明陳龍正規親友：

上古之人我相輕，肯聽人言大本明，能取人善，日久自然日進，今人習氣深重，既不能辨擇是非，又胸中踞定一我相，任他人美意良箴，未肯降心悅服，惟是讀古人書，原來我種種病痛，皆已攙前道破，種種醫方，又說得現現成成，古人非指摘我，譬如懸設律令，我自犯條，古人又不在面前，雖有偏心勝氣，何處惹動，於是愧汗歡喜，一時並集，不覺釋回而增美矣，故不服善者，尤賴讀書。

清金人瑞與家伯長文昌書：

詩非異物，只是人人心頭舌尖所萬不獲已，必欲說出之一句說話耳，儒者則又以生平爛熟之萬卷，因而與之裁成文章，潤之成文者也，夫詩之有章有文也，此固儒者之所矜為獨能也，若其原本，不過只是人人心頭舌尖萬不獲已，必欲說出之一句說話，則固非儒者之所得矜為獨能也，承示新作，便欲入許用晦之寶矣。

註：許用晦，太和進士，官監察御史，工詩，格調豪麗。

肆、短楠含章

南朝梁陶弘景答謝中書書：

山川之美，古今共談，高峰入雲，清流見底，兩岸石壁，五色交輝，青林翠竹，四時俱備，曉霧將歇，猿鳥亂鳴，夕日欲積，沉鱗競躍，實是欲界之仙都。自康樂以來，未復有其奇者。

人為萬物之靈，易繫辭：

有形質，有機能、知覺、思想〔因細胞比較萬物精粹而靈明〕。另一方面表示人類萬物與天地日月共化育、同生存，所以稱謂天人之學，為立人道以合天道，一方面表示致中立極之道，一方面表示本末終始之義。觀乎天文以察時變，「時」天。萬物資生，德合無疆，「利」地。觀乎人文以化成天下，「和」人。

太史公自序節錄：

「凡人所生者，神也，所託者，形也，神大用則竭，形大勞則敝，神形離則死，死者不可復生，離者不可復反，故聖人重之。」由是觀之，神也者，生之本也，形者，生之具也，不先定其神而曰我有以治天下，何曲哉。

杜甫飲中八仙歌：

知章騎馬似乘船，眼花落井水底眠，汝陽三斗始朝天，道逢麴車口流涎，恨不移封向酒泉，左相日興費萬錢，飲如長鯨吸百川，銜杯樂聖稱避賢，宗之瀟洒美少年，舉觴白眼望青天，皎如玉樹臨風前，蘇晉長齋繡佛前，醉中往往愛逃禪，李白一斗詩百篇，長安市上酒家眠，天子呼來不上船，自稱臣是酒中仙，張旭三盃草聖傳，脫帽露頂王公前，揮毫落紙如雲煙，焦遂五斗方卓然，高談雄辯驚四筵。

台北市金龍寺石碑——吳濁流撰

花為多情綻似金，人間花好戀纔深，須知花意同人意，萬古千秋共此心，莫怨飄零荊棘中，飄零柳絮賴春風，平生最愛青山淡，何奈青山花染紅，祇因詩酒困風塵，積恨堆愁白髮新，到處青山尋到處，有情難遇有情人，黃金花綻滿山黃，南國風情最熱狂，每到驕陽炎似火，相思樹下苦思量，難悟愛河是鬱城，千萬痴望幾時醒，人生那及溪邊樹，歲歲年年一度青。

春秋越范蠡遺文種書：

吾聞天有四時，春生冬伐，人有盛衰，泰終必否，知進退存亡而不失其正，惟賢人乎，蠡雖不才，明知進退，高鳥已散，良弓將藏，狡兔已盡，良犬就烹，夫越王為人，長頸鳥喙，鷹視狼步，可與共患難，而不可共處樂，可與履危，不可與安，子若不去，將害于子明矣。

漢孔臧與其子琳書：

告琳，頃來聞汝與諸友生講肄書傳，滋滋晝夜，衎衎不怠，善矣，人之進道，唯問其志，取必以漸，勤則得多，山霤至柔，石為之穿，蝎虫至弱，木為之弊，夫霤非石之鑿，蝎非木之鑿，然而能以微脆之形，陷堅剛之體，豈非積漸之致乎，訓曰：「徒學知之未可多，履而行之乃足佳」故學者所以飾百行也。

侍中子國（註：子國即孔臧之弟安國為侍中），明達淵博，雅好絕倫，言不及利，行不欺名，動遵禮法，少小及長，操行如故，雖與群臣并居近侍，頗見崇禮不供褻事，獨得常御唾壺，朝廷之士，莫不榮之，此汝親所見也，詩不云乎：「無念爾祖，聿修厥德」，又曰：「操斧伐柯，其則不遠」，遠則尼父，近則子國，於以立身，其庶矣乎。

漢司馬遷與摯伯陵書：

遷聞君子所貴乎道者三，太上立德，其次立言，其次立功，伏惟伯陵，材德絕人，高尚其志，以善厥身，冰清玉潔，不以細行荷累其名，固已貴矣，然未盡太上之所繇也，願先生少致意焉。

後漢申屠剛與隗囂書：

愚聞專己者孤，拒諫者塞，孤塞之政，亡國之風也，雖有明聖之姿，猶屈己從眾，故慮無遺策，舉無過事，夫聖人不以獨見為明，而以萬物為心，順人者昌，逆人者亡，此古今之所共也，將軍以布衣為鄉里所推，廊廟之計，既不預定，動軍發眾，又不深料，今東方政教日睦，百姓平安，而西州發兵，人人懷憂，騷動惶懼，莫敢正言，群眾疑惑，人懷顧望，非徒無精銳之心，其患無所不至，夫物窮則生變，事急則計易，其勢然也，夫辭道德，逆人情，而能有國有家者，古今未有也。將軍素以忠孝顯聞，是以士大夫不遠千里，慕樂德義，今苟欲決意徼幸，此何如哉，夫天所佑者順，人所助者信，如未蒙祐助，令小人受塗地之禍，毀壞終身之德，敗亂君臣之節，污傷父子之恩，眾賢破膽，可不慎哉。

全文大意註略：王莽篡位，申屠剛避地河西邑蜀間，建武七年，詔書徵剛，將歸時，聞隗囂據隴石，欲背漢而附公孫述，因作此書勸勿妄動，囂不聽，卒致敗亡。

後漢孔融與王朗書：

世路隔塞，情問斷絕，感懷增思，前見章表，知尋湯武罪己之迹，自投東裔，同縣之罰，覽省未周，涕隕潸然。

主上寬仁，貴德宥過，曹公輔政，思賢並立，策書屢下，殷勤款至，知櫂舟浮海，息駕廣陵，不意黃能（亦作黃熊）突出羽淵也（羽淵，地名在江蘇），談笑有期，勉行自愛。

註：全文大意，後漢末，王朗為會稽太守，孫策渡江略地，朗舉兵拒之，敗走，

旋諸策，策以其為雅孺，詰讓而不害，留置曲阿，曹操知其能，表征之，被征未至時，孔融作書以進。

三國曹丕與王朗書：

生有七尺之形，死為一棺之一土，惟立德揚名，可以不朽，其次莫如著篇籍，疫癘數起，士人彫落，余獨何人，能全其壽，故論撰所著典論詩賦蓋百餘篇，集諸儒于肅城門內，講詮大義，侃侃無倦。

筆者閱後感言：丕雖稱帝，但學識博，有仁愛心，尤以其所述，余有同感，所言疫癘，余亦曾遭逢其害，所言著述，與余亦同，巧也，不愧為佳作也。

三國魏王基戒司馬景王書：

天下至廣，萬幾至猥，誠不可不矜矜業業，坐而待旦也。夫志正則眾邪不生，心靜則眾事不躁，思慮審定，則教令不煩，親用忠良，則遠近協服，故知和遠在身，定眾在心，許允、傅嘏、袁侃、崔贊皆一時正士，有直質而無流心，可與同政事者也。

三國蜀諸葛亮誡子書：

夫君子之行，靜以修身，儉以養德，非澹泊無以明志，非寧靜無以致遠，夫學欲靜也，才欲學也，非學無以廣才，非靜無以成學，慆慢則不能研精，險躁則不能理性，年與時馳，意與日去，遂成枯落，多不接世，悲守窮廬，將復何及。

晉謝安與支遁書：

思君日積，計辰傾遲，知欲還剡〔剡溪名〕自治，甚以悵然，人生如寄耳，頃風流得意之事，殆為都盡，終日慼慼，觸事惆悵，惟遲君來，以晤言消之，一日當千載耳，山縣閒靜，差可養疾，事不異剡，而醫藥不同，必思此緣，副其積想也。

南朝梁均與朱元思書：

風煙俱靜，天山共色，從流飄蕩，任意東西，自富陽至桐廬，一百許里，奇山異水，天下獨絕，水皆縹碧，千丈見底，游魚細石，直視無礙，急湍甚箭，猛浪若奔，夾峰高山，皆生寒樹，泉水激日，泠泠作響，好鳥相鳴，嚶嚶成韻，蟬則千轉不窮，猿則百叫無絕，鳶飛戾天者，望峰息心，經綸世務者，窺谷忘返，橫柯上蔽，在晝猶昏，疏條交映，有時見日。

註：此文乃吳均遊富陽至桐廬，途中所見景物，故作書以告朱元思。

唐柳冕與徐給事論文書：

文章本于教化，形于治亂，繫于國風，故在君子之心為志，形君子之言為文，論君子之道為教，易云：「觀乎人文以化成天下」，此君子之文也，自屈宋以降（屈者屈原，宋者宋玉），為文者本于哀艷，務于恢誕，亡于比興，失古義矣，雖揚馬（揚揚雄，馬馬遷），形似曹劉（曹曹植，劉劉楨）骨氣，潘陸藻麗（潘潘岳，陸陸機陸雲），文多用寡，則是一枝，君子不為也。

昔武帝（漢武帝）好神仙而相如為大人賦以諷帝覽之，飄然有凌雲之氣，故楊雄病之曰：「諷則諷矣，吾恐不免于勸也」，蓋文有餘，而質不足，則流才有餘，而雅不足，則蕩流蕩不返，使人有淫麗之心，此文之病也，雄雖知之不能行之，行之者，惟荀孟、賈生、董仲舒而已。

僕自下車，為外事所感，感而應之為文，不覺成卷，意雖復古而不逮古，則不足以議古人之文，噫！古人之文，不可及之矣，得見古人之心，在于文乎，茍無文，又不得見古文之心，故未能亡言，亦志之所之也。

感言：由以上柳文觀之，其為文重實質，不尚藻麗浮誕，與筆者述作不謀而合，實為今學者均宜效法也。

唐李商隱上劉舍人狀：

違闕稍久，結戀伏深，前月獲望門牆，值有賓客，吐辭未盡，受顧如初，某孤僻寡徒，嬾慢成性，虞生治易，眾論同侵，揚子草玄〈註：揚子即揚雄，玄即揚著之大玄經〉，當時共笑，因緣一命，羈紲三年，常賴恩知，免至顛殞，伏以士之營道抱器，處世立名，誠宜俟彼時來，亦在申于知者，內惟庸薄，切有比方。陳蕃甚貧，朱欲掃除一空，孟光雖醜，已常偃蹇數夫，倚重光輝，實在造次，伏惟終始念察。

宋王安石請杜醇先生入縣學書：

人之生久矣，父子、夫婦、兄弟、賓客、朋友、其倫也，孰持其倫，禮樂、刑政、文物、數制，事為其具也，其具孰持之，為之君臣，所以持之也，君不得師，則不知所以為君，臣不得師，則不知所以為臣，為之師，所以並持之也，君不知所以為君，臣不知所以為臣，人之類，其不相賊殺以至於盡者，幸歟！信乎其為師之重也，古之君子，尊其身，恥在舜下，雖然，有鄙夫問焉而不敢忽，斂然後其身似不及者，有歸之以師之重而不辭，曰，天之有斯道，固將公之而我先得之，得之而不推於人，使同我所有，非天意，且有所不忍也，安石得縣于此踰年矣，方因孔子廟為學，以教養縣子弟，願先生留聽而賜臨之以為師，安石有聞焉，伏維先生不與古之君子有異意也，幸甚。

宋朱熹答姚徠：

承問及為學之意，足見志尚之遠，甚慰甚慰，蓋常聞之，人之一身，應事接事，無非義理之所在，人雖不能盡知，然其大端，宜亦無不聞者，要在力行其所已知，而勉求其未至，則自近及遠，由粗至精，循循有序，而日有可見之功矣，幸試思而勉之，幸甚幸甚。

清李漁應施匪峨之索詩：

一詩一聯，敬踐前諾，雖諸冗紛集，筆凍指僵，不敢為知己惜餘力也，先生旗鼓詞壇，四十餘載，名人贈句，多至汗牛，何有于瑣尾之夫，戔戔之語，而見索如是之力，非謬許之甚，能若是乎！詞荒意質，殊不足存，但取其一字不膚，移贈他人不得，或可免于覆瓿耳，貧極不能辦縑素，是為可愧，然以此等之人，此等之詩，不書錦軸而題薄蹄〔註：薄蹄薄小紙也〕，亦正可謂人地相宜耳。

清左宗棠與陶少雲書論學業：

學業才識，不日進，則日退，須隨時隨事，留心著力為要，事無大小，均有一當然之理，即事窮理，何處非學，昔人云：「此心如水，不流即腐」，張乖崖亦云：「人當隨事用智」，此為無所用心一輩人說法，果能日日留心，則一日有一日之長進，事事留心，則一事有一事之長進，由此累積，何患學業才識不能及人邪。

清曾國藩覆方子白書論人才：

國藩才智淺薄，精力極疲，忽膺艱鉅，大懼霣越，惟當廣引直諒之友，啟牖忠益，匡其不逮，承荐令弟，及武舉張君，請即束裝來敝營，量才位置，以後閣下鑒衡所及，如有文可為牧令，武可為將領者，望無惜時時汲引，冀收拔茅連茹之效，若無實在出色之處，介無有用無用之間，則可不必多荐，以不收則空勞往返，收之則漸近冗員也。大抵觀人之道，以樸實廉介為質，有其質而更傳以他長，斯為可貴，無其質，則長處亦不足恃，「甘受和，白受采」，古人所謂無本不立，義或在此，閣下以為如何。

伍、妙語如珠

譬美人：

手如柔荑，膚如凝脂，領如蝤蠐，齒如瓠犀，螓首蛾眉，巧笑倩兮，美目盼兮。

謎語：

一夕化身人歸去〔死〕，千八凡夫一點無〔禿〕。

古治學論：

真學問從五倫起，大學問自六經來。

報徵聯語：

台上笑，台下笑，台上台下笑引笑；
裝古人，裝今人，裝古裝今人裝人。
騎奇馬，張長弓，寸身難射；
好女子，閃入門，見夫守規。
公木松，椒木叔，兩木成林分公叔；
宗山崇，岐山支，雙山疊出排宗支。
奴手為拏，勸先生莫拏奴手；
人言是信，請東翁勿信人言。

曾文正觀人妙語：

邪正看眼鼻，真偽看嘴唇，功名看氣概，富貴看精神，主意看指爪，風波看腳筋，若要看條理，全在語言中。
端莊厚重是貴相，謙卑含容是貴相，事有歸著是富相，心存濟物是富相。
暗添雪色眉根白，旋落花光臉上紅，誰言今古事難窮，大抵榮枯總是空，九曲黃河心較險，十重鐵甲面堪憎，塵隨車馬何年盡，情繫人心早晚休。

抗戰之前，有人在上海某報以歐洲國家名字對古詩，其文曰：

公門桃李爭榮時，法國荷蘭必利時。

真乃妙語也。

何淡如以廣東話寫諧聯：

有酒不妨邀月飲，無錢那得食雲吞；
風腸蒸熟堪餐飯，雲耳切開好會齋。

註：風腸，廣東人稱腊腸為風腸。

扒、扒、扒，扒到龍門三級浪；
唱、唱、唱，唱出仙姬七姐辭。

註：係寫端節龍舟競賽。

名醫李時珍以藥名徵對找幫手：

白頭翁，持巴戟，跨海馬，與木賊，草蔻戰百合，旋復歸朝，不愧將軍國老。

註：其中巴戟、草蔻、旋復、國老分別是巴戟天、草豆蔻、旋復花、甘草的簡稱或別名，都是藥物。

一農婦面對如下：

紅姑娘，插金簪，戴銀花，比牡丹，芍藥勝五倍，芙蓉出水，好比雲母天仙。

註：五倍即五倍子，其所對者皆藥名，實皆妙語也。

絕妙改聯：

從前有進士橫行鄉里，他為炫耀在大門貼上聯云：

父進士，子進士，父子皆進士，婆夫人，媳夫人，婆媳均夫人。

某日有一窮秀才過其家門，見聯鄙夷一笑，為之改為：父進土，子進土，父子皆進土，婆失夫，媳失夫，婆媳均失夫。

廣東某縣官斂財，有人戲作諷詩曰：

來時蕭索去時豐，官帑民財一掃空，只有江山移不動，臨時寫入畫圖中。

袁世凱稱帝，某省進貢新瓷器十萬件，內有夜壺一件，有人作諷詩曰：

十萬新瓷貢帝都，浮梁大編出鄱湖，山陰親友如相問，一片丹心在夜壺。

民十六年先總統蔣公與宋美齡女士于上海結婚，福建莆田翰林張琴謔之以詩云：

讀罷兵書舞細腰，森森戈戟集藍橋，英雄蓋世浮雲過，兒女癡情艷雪消，將將將兵多事日，卿卿卿我可憐宵，伯符手創江東業，應把周郎配小喬。

註：全詩綺麗典雅，尤其落韻以伯符〔孫策〕比中山先生，大小喬比宋家姊妹，堪稱恰切絕妙。蔣公以詩多諷刺，怒欲下令緝之，有人勸之以張乃福建才子，詩名冠八閩，宜加獎飾，結果贈銀六千元，一時傳為佳話。

妙語雙關聯：

一夜狂風，二三子連棵及地；

連日暴雨，眾諸侯跪地朝天。

註：此聯利用諧音手法，上聯諧隱「二參學生連科及第」，下聯諧隱「眾多諸侯朝拜天子」。

妙語妙對：

六木森森，松柏梧桐楊柳；
三水淼淼，洱海湘江滇池。
後人將下句對詞改為：「海洋湖泊江河」。
註：此聯由於過於工巧，使人難以應對，因上聯後六個字合成兩個森字，為疊字形容詞，且語意雙關，松柏梧桐楊柳合植，蒼翠蔥鬱，充滿生機。而下聯則以「三」對「六」，無論是洱海、湘江、滇池，或海洋、湖泊、江河，都可說水勢空茫，浩淼無邊，均為巧妙語句，堪為神往也。

紀昀才學淵博，乾隆難免妒才，一時乾隆對紀昀曰：「卿在朝為官，讚譽者固多，而詆毀者亦不少，何故？」紀昀答曰：「春雨如膏，農夫喜其潤澤，路人惡其泥濘，明月皎皎，佳人愛其光輝，盜賊惡其明亮，天尚不盡人意，何況臣乎？」乾隆點頭微笑，感其言之有理，真巧妙之語也。

古時有翟永齡者，欲勸其母勿整日唸「南無阿彌陀佛」，一日，翟佯呼母，母即應諾，接又呼不已，母不悅，「汝無事為何頻呼？」翟乃和藹地說：「我呼母三四聲，母便不悅，而母日呼佛千萬聲，其怒當如何？」其母頓悟，自後則不整天唸佛了，實巧妙之諫也。

某秀才遨遊名山見尼姑和尚同庵，有感其庵名「清靜寺」，有意質問尼姑曰：「這個是清靜寺，尼姑和尚同庵，請問清靜不清靜？」尼姑心知肚明，乃從容應答曰：「如來觀音同打坐，修行各修行。」真為巧妙之語言也。

戲裡戲外看人生：

相傳清末有一戲班子，在某年除夕聚會時，商議如何寫春聯，最後決定，每人寫一副，比比誰最有文采，而且要求不寫空話，必須針對職務寫些實事與感受。

演小生的出聯道：

文成武就，金榜題名空富貴。

演花旦的說：

男婚女嫁，洞房花燭假風流。

演武生的道：

你一刀，我一槍，雖殺未惱。

演老生的說：

轎上來，馬上去，非走不行。

經常演多種角色的說：

或為君子小人，或為才子佳人，登台便見；

有時歡天喜地，有時怨天恨地，轉眼皆空。

編劇者說：

戲劇本虛中求實，實中有虛，虛虛實實，實實虛虛；

唱彈時樂中藏憂，憂中帶樂，樂樂憂憂，憂憂樂樂；

樂隊人員說：

方寸地生殺予奪，榮辱貴賤，千秋事業，莫道是假。頃刻間悲歡離合，喜怒哀懼，萬代人情，戲裏傳真。

陸、趣事趣談

梅花秀才

梅花秀才六歲能詩，八歲應試後賦打油詩云：「小子未成材，雙親迫我來，腹中無文字，卷上畫枝梅。」（註：因在試卷上僅畫了一枝花），主考官氣極，但閱及佳作，不忍責，但出上聯，對上則免究，文曰：「小孩子乳臭未乾，手抱紅柱環環轉。」神童對曰：「大老爺官星已動，足踏青雲步步高。」

九歲童應試

清魏源九歲時參加邵陽縣童子試，縣長見其年幼，便指著茶杯上畫的太極圖，出一上聯曰：「杯中含太極」，恰好魏源懷中正揣著兩塊麥餅，不加思索答道：「腹內孕乾坤」，魏源同時拿出麥餅說：「天地謂之乾坤，這麥餅一塊像天，一塊像地，我把它吃了，不就是天地在胸，腹孕乾坤了麼。」縣令連點頭，稱讚其有大志。

五貝堂故事

澳門街有位富商，開設一間賭場，請一位知名人士，替他取一個堂號，叫「五貝堂」，意思是有五種寶貝，包含珊瑚、瑪瑙、珍珠、玉器及鑽石，這位老闆非常滿意，乃請一位書法家寫好堂名用金漆鑲嵌好，掛於堂上，不久有友來訪，老闆特向他誇耀一番，詎料該朋友不以為然，說其實五貝者並非五種寶貝，而是「賭、貪、貧、賣、賊」的暗示罷了，並吟詩來證實，詩曰：

貝者皆因今貝先，分貝居然在眼前，不久變成士四貝，更為戎貝不堪言。

張狂說理

明太祖朱元璋，雖出身低微，卻喜歡舞文弄墨，並提倡春聯，每逢除夕，必微服出巡觀賞，一次，他見一戶人家門聯是「驚天動地事業，數一數二人家」，明太祖認為太張狂，派人把這家老漢抓來審問，老漢答道：「我兒子是執法打板子的，一邊打，一邊數一二，這不是數一數二嗎，執法時「砰碰」聲音連天子也聽見了，這不是驚天動地嗎。」太祖與大臣們聽了都笑逐顏開了。

蔣腿袁頭

民國十六年北伐之後，中央軍的軍人多出身黃埔軍校，是校長蔣中正的門生，因之有人戲作聯語：「天下英雄皆蔣腿，人間罪魁是袁頭。」「蔣腿」是金華產火腿的名牌，十分受人歡迎，「袁頭」就是銀洋，民初銀洋上鐫袁世凱的頭，故銀洋又稱袁頭。

洪承疇因徵一氣不起

明朝總督洪承疇，與清兵戰于松江，兵敗降清，仍獲滿清重用，一日與門客下圍棋消遺，僕人送茶上，一客人說：「今日是穀雨，應喝雨前新茶。」洪隨即說：「一局棋勝，忘了今日是穀雨。」接著又說，這好像有一對句，你對對好嗎？客人想了好久說，有了，但恐老師見怪，不敢說出，洪一再要求，並諾決不見怪，客人乃說：「兩朝領袖，他年何以別清明。」洪聽後面紅耳赤，但有言在先，莫可奈何，卻氣得一病不起。

明王守仁迷象棋，其母將棋撇入河中，王哭棋賦詩如後：

象棋對奕樂悠悠，哀被母親一旦揪，兵卒墜河無人問，將帥受溺一齊休，車馬三軍隨波去，相士入川逐浪流。

王柏心巧對鬧洞房

湖北監利縣許旦平，久任白螺鎮「百柱堂」學館教席，是位飽學之士，與岳州知府吳獬有文字交，頗相投契，吳之女為遠近聞名之才女，許配給許旦平之子，此際，許之高足王柏心，因撰壽聯獲聖賞，考取進士並封官，但王淡泊名利，無意仕途，旋借故致仕歸里，仍回「百柱堂」學館，潛心教學著述。許子迎娶之日，賀客盈門，當晚鬧洞房，眾人皆悉一雙璧人均有文才，乃要新娘出詩，新郎以對答，新娘為擺脫糾纏，即時吟詩曰：「謝天謝地謝諸君，我乃裙釵哪會吟，暫借唐人詩一句，春宵一刻值千金。」新郎見狀，隨即應聲曰：「諸君不必苦相邀，百年夫妻會今朝，多情織女河邊等，請放牛郎渡鵲橋。」

眾人見狀，不肯輕罷，又要求新娘再出對，新娘答允，但要賓客對下聯，對不上則請知趣，遂吟上聯：「銀竹盤龍，水裡龍從火裡起。」此聯一出，眾人面面相覷，無一人能對，正尷尬間，王柏心出現，得知上情，隨口吟出下聯：「金蓮繡鳳，天邊鳳自地邊飛。」眾人莫不叫好，王則請賓客勿再哄鬧，眾始散去。

行酒令改唐詩

清人日記有八人圍座喝酒，提議行酒令，由令官先說一句唐詩，故意將其中一個或兩個字改了，問他為何要如此改，他再說一句唐詩以說明改的緣故，眾人同意後，先由令官行一令示範。

令官說：「少小離家老二回」，眾人問：「何以非老大」，答：「老大嫁作商人婦」。第二個則說：「父老相見不相識」，令官問：「何以非兒童」，答：「去日兒童皆父老」。第三個說：「劉娘不敢提糕字」，問：「何以非劉郎」，答：「小姑居處本無郎」。第四個則說：「妝罷低聲問小姑」，問：「何以非夫婿」，答：「自家夫婿無消息」。第五個則說：「塞外路人聞馬嘶」，問：「何以非蕭郎」，答：「從此蕭郎即路人」。第六個則說：「眾女同日詠霓裳」，問：「何以非眾仙」，答：「只羨鴛鴦不羨仙」。第七個說：「十分春意到花間」，問：「何以非春色」，答：「春色滿園關不住」。第八個所說遺忘未記，特為之補成如下：「神面桃花相映紅」，問：「何以非人面」，答：「人面不知何處去」。

文章與標點符號

三十年代上海有家書局在計發稿酬時，祇按文章實際字數計算，魯迅對此頗為不滿，有一次，他故意給那家書局寄去一篇稿子，既無段落，亦無標點符號，書局無可奈何，只得寫信給魯迅：「請先生給稿子分一分章節和段落，並加上新式標點。」魯迅回信說：

「既然要作者給文章分段落，加標點，可見標點符號和空格還是必要的，那就請你們在計算稿費時，亦把標點和空格都算字數吧。」書局從此則按稿子篇幅計酬。

據說有個釀酒做醋的店家，為標榜自己釀的酒香，做的醋酸，便寫了一副對聯貼在店舖門口，曰：釀酒罐罐香，做醋缸缸酸，養豬個個肥，老鼠隻隻亡。這副對聯雖不高雅，卻一目了然，是在表明店裡的酒香醋酸，而酒糟餵豬個個肥大，而且衛生，老鼠都不能生存，店家有徒弟，經常受老闆虐待，便偷偷把對聯加上標點，結果變成如下：「釀酒罐罐香做醋，缸缸酸。養豬個個肥老鼠，隻隻亡。」

元朝定人為十等：

一官，二吏，三僧，四道，五醫，六工，七臘，八民，九儒，十丐。又稱七匠，八倡，九儒，十丐。

一字趣聞一字師

宋范仲淹為嚴子陵釣台祠堂撰四句頌詞為：「雲山蒼蒼，江水泱泱，先生之德，山高水長。」時李泰伯建議把其中之「德」字改為「風」字，不僅在字面上與「雲山」「江水」相映生輝，而且把〈孟子〉〈莊子〉關於「風」的「廉潔立志」之特殊涵義亦概括了，真點石成金，令范公拍案叫絕。

清一奇女賦菊花詩：「為愛南山青翠色，東籬別染一枝花。」有人將「別」字縮寫為「另」字，受人讚賞恭維，故稱之為半字之師。

清大書法家何紹基之女出嫁時，何捎來嫁妝為一密封書箱，並附信說明：「千金難買，世世代代，用之不盡。」，女兒女婿以為是財寶，打開一看，原來只是一幅手書「勤」字，便把勤字貼於堂中，從此其夫婦即以勤勞而度其幸福之一生。

魯迅幼時發蒙，因其父多病，有次上學遲到，其壽老先生叮囑以後要早到，魯迅即在書桌上刻一「早」字為銘，自後從不遲到。

夏承燾則以「笨」字作為座右銘：「笨字從本，笨是我治學的本錢」，此一治學箴言，乃取笨鳥先飛之意，他按此銘心誠意篤，身體力行，發奮振作，勤奮不懈，終於成為當代的大詞學家。

清康熙年間，旗人張自用巡撫河南，陳州牧為致敬意，特派人送去活魚百條，禮單上乃寫「鮮魚百頭」，巡撫甚為驚詫，魚稱尾，何為稱頭，問之部下，亦莫能名之者。後有人推荐飽讀經書者白謙以作解釋，白乃跪答曰：「小人常讀詩經魚藻篇第一章，有『魚在在藻，其頒其首』，第二章有『魚在在藻，其莘其尾』，首即為頭，可見魚可稱尾，亦可稱頭，現陳知州稱頭不稱尾，實為對巡撫之尊敬。」巡撫聞言大喜，親自扶起白謙，並委為幕府書記，後又升任同知，成為開封府頭面人物，人因戲之為「一字官」。

柒、佳言嘉語

名人佳句：

水從石邊流出冷，花入風中自然香。
不是閒人閒不得，閒人不是等閒人。
美人絕色是妖物，亂世多財是禍根。
嫦娥應悔偷靈藥，碧海青天夜夜心。
好月就人還到枕，櫓聲搖夢到蘆花。
窮未賣書留教子，飢食稀粥省求人。
此身不要全強健，強健必定是非多。
源頭水到相忘處，也戀天光不肯流。
勞生何異蟻旋磨，閱世遽如蠅集爪。
天無風雨不成秋，味當毒處方成美。
直使天驚真快事，能遭人罵是人才。

人看後半截

周公恐懼流言日，王莽謙恭下士時，若使當時身便死，一生真偽有誰知。

秋水軒應用語

品純學粹，當道傾心，自應有此際遇，感承存註，轉益歉懷。

素心人遠，良會何時，殊覺懷人之滋切耳。欣羨私衷，當不僅在調琴弄瑟間也，每欽欽其在抱，用惓惓以攄懷，自愧疏庸，猥承摯愛，馬將嘶而已懶，鶯欲別而頻啼，公私魚鹿，殘候多疏。

固知推轂解囊，素非所靳，意氣慇懃懇懇，而述當前之境遇，溯疇昔之餘歡，益令人感懷無已。

以千里之麟鴻，寫三秋之情緒，先施者至再，益令稽答者增慚。

足下品詣卓犖，迥出時流，異日干霄直上，為仕途中第一流人物，較之仰人作繭，較之傍戶營巢，有天淵之別。

手握智珠，必不另起波折，何必垂老多病之身，為背井離鄉之客。

惟以寒素之家，上聯華冑，竊恐蒹葭倚玉，有辱冰人。

正以未奉瓊報為疑，足下南金東箭之材，荏苒年餘，賓主相投，才華意氣，卓爾不群，年已弱冠，華實兼之，忽荷郇雲遙賁，未獲即奉清光，慶育長庚，藉慰遠人心素。

不覺燈影搖青，曾幾何時，而駒光易逝，萍跡難逢，曷勝惘惘。

自知苦累未滿，家室難安，實緣數年知愛，一往情深，食衣奔走，滯跡遐方，既不能接眷而來，又不獲依時而返。膝前蘭桂，似不宜遲，浪萍風絮，一任東西，嫁線勞勞，概可想見。

前度劉郎，兼得重諧仙侶，春風如故，飯德何深，自慚袜線，匡益毫無，惟以磊落光明，問心無愧，屢沐厚施，未免受之增愧。

日呼將伯，詎意秋雲世態，流水人情，平時敦氣誼，重然諾，一語通財，反眼若不相識，自告急以來，幾十扣柴扉九不開矣。

以弟庸陋，猥荷摯懷，閣下稠情古誼，已與潭水俱深矣。

自此停雲落月，道里睽違，惟有側聽琴聲，私心嚮往耳。

知愛之隆，感且不朽，推心置腹，相倚年餘，揆之于情，似難恝置。榴紅蒲綠，蒙以遠人註念，一肩風雨，半職為匏。

寓才華於醇謹之中，停雲東望，落月增懷，翹首江雲，企懷奚似，自必授繁要之區，俾資展布。

道履沖和，祉隨秋爽，猥承摯愛，誼切投膠，自愧疏方，感雅注之拳拳，益予懷之耿耿，緬藹結於心交，定卜起居佳鬯。

駒光一瞬，已值三秋，與時皆春，懸弧令旦，遙祝九如。

守拙硜硜，締交落落，紅盒尋歡，鴻爪難留，嫁線征衫，不勝惘惘，意氣殷拳，私衷感戢，何日忘之，幸荷吉星遐照，休戚相關。

警世名言

古今來許多世家，無非積德，天地間第一人品還是讀書，讀書即未成名，究竟人高品雅，修德不期獲報，自然夢穩心安。

以聖賢之道教人易，以聖賢之道治己難，以聖賢之道出口易，以聖賢之道躬行難，以聖賢之道奮始易，以聖賢之道克終難。

志之所趨，無遠勿屆，窮山距海，不能限也，志之所嚮，無堅不入，銳兵精甲，不能禦也。

愛惜精神，留他日擔當宇宙，磋跎歲月，盡此身汙穢乾坤。

大其心容天下之物，虛其心受天下之善，平其心論天下之事，潛其心觀天下之理，定其心應天下之變。

喜怒哀樂而日未發，是從人心直溯道心，要他存養。未發而曰喜怒哀樂，是從道心指出人心，要他省察。

無欲之謂聖，寡欲之謂賢，多欲之謂凡，徇欲之謂狂，人之心胸，多欲則窄，寡欲則寬，人之心境，多欲則忙，寡欲則閒，人之心術，多欲則險，寡欲則平，人之心事，多欲則憂，寡欲則樂，人之心氣，多欲則餒，寡欲則剛。

世路風霜，吾人鍊心之境也，世情冷煖，吾人忍性之地也，世事顛倒，吾人修行之資也。青天白日的節義，自暗室屋漏中培來，旋乾轉坤的經綸，自臨深履薄處得力。

聰明睿知，守之以愚，功被天下，守之以讓，勇力振世，守之以怯，道德隆重，守之以謙。富貴，怨之府也，才能，身之災也，聲名，謗之媒也，歡樂，悲之漸也，

能知足者，天不能貧，能忍辱者，天不能禍，能無求者，天不能賤，能外形骸者，天不能病，能不貪生者，天不能死，能隨遇而安者，天不能困，能造就人材者，天不能孤，能以身任天下後世者，天不能絕。

海闊由魚躍，天空任鳥飛，非大丈夫不能有此度量。振衣千仞岡，濯足萬里流，非大丈夫不能有此氣節。珠藏澤自淐，玉韞山含輝，非大丈夫不能有此蘊藉。月到梧桐上，風來楊柳邊，非大丈夫不能有此襟懷。

君子胸中所常體，不是人情是天理，君子口中所常道，不是人倫是世教，君子身中所

常行，不是規矩是準繩。

君子猶水也，其性沖，其質白，其味淡，其為用也，可以滌不潔者而使潔，即沸湯中投以油，亦自分別而不相混，誠哉君子也。小人譬油也，其性滑，其質膩，其味濃，其為用也，可以污潔者而使不潔，倘滾油中投以水，必至激博而不相容，誠哉小人也。

愚忠愚孝，實能維天地綱常，惜不遇聖人裁成，未嘗入室，大詐大奸，偏會建世間功業，倘非有英主駕馭，終必跳梁。

少思慮以養心氣，寡色慾以養腎氣，勿妄動以養骨氣，戒瞋怒以養肝氣，薄滋味以養胃氣，省言語以養神氣，多讀書以養膽氣，順時令以養元氣。

言語知節，則愆尤少，舉動知節，則悔吝少，愛慕知節，則營求少，歡樂知節，則禍敗少，飲食知節，則疾病少。

人以品為重，若有一點卑污之心，便非頂天立地漢子，品以行為主，若有一件愧怍之事，即非泰山北斗宏儀。

貧賤時，眼中不著富貴，他日得志必不驕，富貴時，意中不忘貧賤，一旦退休必不怨。

處難處之事愈宜寬，處難處之人愈宜厚，處至急之事愈宜緩，處至大之事愈宜平，處疑難之際愈宜無意。緩事宜急幹，敏則有功，急事宜緩辦，忙則多錯。

置其身於是非之外，而後可以折是非之中，置其身於利害之外，而後可以觀利害之變。

任事者，當置身利害之外，建言者，當設身利害之中。

君子當事，則小人皆為君子，至此不為君子，真小人也。小人當事，則中人皆為小人，至此不為小人，真君子也。小人處事，於利合者為利，於利背者為害，君子處事，於義合者為利，於義背者為害。

待己當從無過中求有過，非獨進德，亦且免患，待人當於有過中求無過，非但存厚，亦且解怨，凡一事而關人終身，縱確見實聞，不可著口，凡一語而傷我長厚，雖閒談酒謔，慎勿形言。

施在我有餘之惠，則可以廣德，留在人不盡之情，則可以全交，聽其言必觀其行，是取人之道，師其言不問其行，是取善之方，論人之非，當原其心，不可徒泥其迹，取人之善，當據其迹，不必深究其心。

宇宙之大，何物不有，使擇物而取之，安得別立宇宙，置此所舍之物，人心之廣，何人不容，使擇人而好之，安有別箇人心，復容所惡之人。

遇矜才者，毋以才相矜，但以愚敵其才，便可壓倒，愚炫奇者，毋以奇相炫，但以常敵其奇，便可破除。欲勝人者先自勝，欲論人者先自論，欲知人者先自知。

丙 各種述作

春秋縱橫談

子、引言

筆者所著「禮樂與人生」一書中在結語裏曾述及世界論壇黃伯飛先生所論：「歷史與教化」一文中首先所提的是「春秋」，分明是史，何以又跑到經典裡去了，經他研究，才明白「春秋」既是史又是經。〔黃先生曾任耶魯大學教授三十餘年〕，他在文章中曾提到里格原來是要到中國去傳教的讀書人，後來回到英國牛津大學做教授，用了幾年的精力，把中國的經典，除了「春秋」「左傳」外〔按左傳就是春秋三傳之一〕，還翻譯了「尚書」「詩經」「大學」「中庸」「論語」「孟子」，這是多麼感人的一番偉業啊，在他心目中，這些典籍，都是人類文化中非常值得珍貴的寶藏，像這樣一套囊括古代政治思想、道德範疇，有助於教化的書，現在幾乎是沒有人去講，更沒有人去讀了，他並說人類社會的兩大支柱，物質文明和精神文明，恰如人的兩條腿，是缺一不可的，在此行將進入二十一世紀，中國恰當轉捩機運的緊要關頭，切願謀國諸君，深長思之，筆者有感及此，除「大學」「中庸」「孟子」三書，筆者已有述作專文外，今特再將春秋三傳試加剖析，定名為「春秋縱橫談」。

丑、概說

一、春秋釋義——〔依辭海所註〕

〔一〕歲時也，詩魯頌閟宮：「春秋匪解」，謂歲時祭祀也，歲有四時而言春秋者，錯舉之也。

〔二〕年齡也，楚辭九辯「春秋逴逴而日高兮」，注：「年齒已老將晚暮也」。

〔三〕經書名，孔子據魯史而制作者也，孟子曰：「世衰道微，邪說暴行又作，臣弒其君者有之，子弒其父者有之，孔子懼，作春秋，春秋，天子之事也」又曰：「王者之迹熄而詩亡，詩亡然後春秋作，晉之乘，楚之檮杌，魯之春秋一也，其事則齊桓晉文，其文則史，孔子曰：「其義則丘竊取之矣。」據此，則魯之春秋，止有事其文，而無其義，其義是孔子創立，非魯春秋所有也，亦非如杜預之說出自周公，若果如杜說，孔子因魯史策書成文，遵周公遺制云云〔見杜預春秋左氏傳序〕，則孔子豈得不稱周公而攘為己作乎？是春秋為孔子制作，毫無疑義也，傳春秋者，有公羊穀梁左氏三家，參閱公羊傳、穀梁傳、左傳及三傳條。

〔四〕時代名，孔子作春秋，起魯隱公元年〔即周平王四十九年〕，訖魯哀公十四年〔即周敬王三十九年〕，凡十二公，計二百四十二年，世因稱此時代曰春秋。

〔五〕後世記史事之書，沿魯史稱春秋之例，亦多以春秋名，如吳越春秋，十六國春秋等是。

二、春秋三傳簡介

〔一〕公羊傳—舊題，公羊高撰，據徐彥疏引戴宏序，謂漢景帝時，高之玄孫壽與胡母子都著於竹帛者是也，漢何休作解詁，發明春秋微言大義，如所謂張三世，通三統，絀周王魯，受命改制之類，皆於公羊無明文，何休自稱依胡母生條例，蓋先師口傳相承之說也，公羊久成絕學，直至清代孔廣森著公羊通義，陳立著公羊義疏，劉逢祿著公羊何氏釋例、何氏解詁箋等，公羊學始復明於世。

〔二〕穀梁傳—唐楊士勛穀梁傳疏謂：「穀梁子名俶字元始，一名赤，受經於子夏，為經作傳」，則當為穀梁子所自作，而徐彥公羊傳疏云：「穀梁亦是著竹帛者題其親師，故曰穀梁傳。」則當為傳其學者所作，四庫提要云：「初獻六羽一條，稱穀梁子曰，傳既穀梁自作，不應自引己說，疑徐彥之言為得其實，但誰著於竹帛，則不可考耳。」，穀梁自晉范寧作集解後，唐楊士勛為之疏，然頗膚淺，無所發明。清代有許桂林著穀梁釋例，柳興宗著穀梁大義述，鍾文烝著穀梁補注，而鍾書最為詳博。

〔三〕左傳—亦名左氏春秋，周左丘明撰，史記十二諸侯年表序：「魯君子左丘明因孔子史記具論其語，成左氏春秋」，漢書劉歆傳：「初，左氏傳多古字古言，學者傳訓故而已，及歆治左氏，引傳文以解經，轉相發明，由是章句義理備焉」，皮錫瑞春秋通論：『班氏云：「漢初學左氏者惟傳訓故」，則其初不傳微言大義可知，云：「歆治左氏，引傳文以解經，由是備章句義理」，則劉歆以前，未嘗引傳解經，亦無章句義理可知，則漢博士謂左丘明不傳春秋，范升謂左氏不祖孔子，必是實事而非誣妄。』春秋通論又引張杓曰：『傳有訓詁之傳，有載記之傳，訓詁之傳，主於釋經，載記之傳，主於記事，公穀依經立傳，經所不書，更不發義，若左氏之書，據太史公十二諸侯年表，則曰左氏春秋而不言傳，據嚴彭祖引觀周篇之文，則言為傳，而不言是釋經，漢晉諸儒言左氏者，莫不以為記事之書，所謂載記之傳是也』，按左傳與春秋本分行，至晉杜預乃以傳附經，作春秋左氏經傳集解，唐孔穎達作正義，今通行之讀本，為杜林合注本，乃宋林堯叟之左傳句解與杜注合刻者也，清顧炎武有左傳杜解補正，惠棟有左傳補注，顧書為正杜注之謬誤者，惠書乃補杜注之遺者，又有焦循左傳補疏，皆稱精密。

三、書名與時代何以曰之春秋

〔一〕古代朝廷大事多在春秋兩季舉行，而史官乃記之於竹帛，其記事之竹帛，則以春秋名之，故各國有各國的記事，也就各國有各國的春秋，但能流傳後世者，僅有魯國春秋而已，因魯國的春秋同時也記載了其他國家的事，且經孔子筆削，就是現時所謂的春秋經傳。

〔二〕魯國春秋〔即魯國國史〕所記之事，是從魯隱公元年起，至魯哀公十四年止〔計十二公〕，也就是周平王四十九年至周敬王二十三年止〔亦十二王〕，共計二百四十二年，此期間後世則稱之為春秋時代。

四、春秋納入經書概況

〔一〕漢代—是以易、詩、書、禮、春秋為儒家經典。

〔二〕唐代—則以周禮、禮記、儀禮、公羊傳、穀梁傳、左傳、詩、書、易，稱之為九經，嗣後將孝經、論語、爾雅列入經典，則成為十二經。〔註：公羊、穀梁、左傳即春秋〕

〔三〕宋代—除唐代所列之經傳外，復將「孟子」一書亦列入經典而成為十三經。

〔四〕近代—則稱易、詩、書、禮樂、春秋為五經。

寅、春秋三傳面面觀

一、孔子何以作春秋

依傳記所載，魯哀公十四年，魯西獵戶獵一獨角怪獸，以為不祥之物，乃將之丟棄，孔子聞訊乃前往檢視，發現其為一麟，孔子乃嘆曰：「吾道不行矣。」蓋麟屬仁獸，乃祥瑞之物，聖帝明王在位，天下太平，牠才現身，而當時天下正是紛亂不堪，牠現非其時，所以被獵而死，茲錄晉范氏寧穀梁傳序，以證當時世道人心之惡劣情形，以及孔子著春秋之目的。

穀梁傳序曰：昔周道衰陵，乾綱絕紐，禮壞樂崩，彝倫攸斁，弒逆篡盜者國有，淫縱破義者比肩，是妖災因釁而作，民俗染化而遷，陰陽為之愆度，七曜為之盈縮，川岳為之崩竭，鬼神為之疵厲，故父子之恩缺，則小弁之刺作，君臣禮廢，則桑扈之諷興，夫婦之道絕，則谷風之篇奏，骨肉之親離，則角弓之怨彰，君子之路塞，則白駒之詩賦，天垂象見吉凶，聖作訓，記成敗，欲人君戒慎厥行，增修德政。

孔子此時已居老年，尤其是他週遊列國後，深感其道難行，非但對周朝傷心，復為自己難過，再因看到死麟，引起無限感慨，尤以當世人君對他所傳之道，不為所取，孔子有感空言難以動人，乃決心修纂一部春秋，讓世人從具體事例中來得到善惡的教訓，此乃孔子因何而著春秋之緣起，因此春秋既是因獲麟而作，又可謂之終於獲麟也。

二、春秋三傳之作用

三傳特別注重勸懲作用，徵實與否則在其次，按三傳看法，春秋大義其一為明辨是非，分別善惡，提倡德義，從成敗中見教訓；其二誇揚霸業，推尊周室，親愛中國，排斥夷狄，實現民族大一統之理想。前者為人君的明鑒，後者是撥亂反正的程序，可說均屬王道。而敬天事鬼，也包含於王道中，春秋記災，表示天罰，記鬼表示恩仇，也有勸懲之意，古代記事之書，常夾雜迷信和理想，春秋也不免如此。三傳所言，大體屬實，但解釋經文時，卻一字一字咬嚼，難免失之穿鑿附會，公羊穀梁二傳，尤其如此。

三、春秋三傳之異同與作者

（一）三傳之中，公羊穀梁兩傳，全以解經為主，左傳則以敘事為主。公穀以解經為主，所以咬文嚼字甚厲，戰國末期，專解春秋者甚多，公穀皆晚出而僅存，此兩家固有不少相異之處，但淵源相同，其所引用別家解說，也是一樣，此兩經傳於秦火之後，多有殘缺，待漢景武帝時，始有經師重加整理傳人，公羊穀梁乃家派名稱，僅存姓氏，其名已不可考。

（二）左傳作者之探討—春秋因是儒家傳授經典，因此解說者，自然離不開儒家。左傳是漢代傳為魯國左丘明所作。此左丘明，有說為「魯君子」，有說是孔子朋友，復說是魯國史官（註：見史記十二諸侯年表序說是「魯君子」，漢書劉歆傳說「親見夫子」「好惡與聖人同」。杜預春秋序說是身為國史。左傳一書，歷來討論最多。）

（三）歷代學人何以重視解經—漢時有五經博士，凡解說五經自成一家者，都可為之博士，博士便是官學，其經師即可作官受祿，當時春秋即立了公穀二傳的博士。左傳流傳較晚，古文派經師亦爭立了博士，而今文派卻言此書不得孔子春秋的真傳，不如公穀兩家，後雖立了博士，但不久又廢除，惟民間傳習日盛，終於大行，原因是公穀多空談，而左傳卻是古代編年通史（殘缺又少），用處自然大得多。

四、歷代先賢先儒對春秋之詮釋

〔一〕周、公羊氏高曰：春秋何以始乎隱，祖之所逮也，何以終於哀十四年，曰，備矣，君子何為為春秋，撥亂世反諸正，莫近諸春秋。

〔二〕春秋、孟子曰：春秋，天子之事也，是故孔子曰，知我者，其惟春秋乎，罪我者，其惟春秋乎，孔子成春秋而亂臣賊子懼，王者之迹熄而詩亡，詩亡，然後春秋作，晉之乘，楚之檮杌，魯之春秋一也，其事則齊桓晉文，其文則史，其義則某竊取之矣。

〔三〕漢、司馬遷曰：孔子因史記作春秋，上至隱公，下訖哀公十四年，十二公，據魯親周，故殷運之三代，約其文辭而指博，故吳楚之君自稱王，而春秋貶之曰子，踐土之會，實召天子。而春秋諱之曰天王狩於河陽，推此類以繩當世，貶損之義，後有王者，舉而開之，春秋之義行，則天下亂臣賊子懼焉。孔子在位，聽訟文辭，有可與人共者，弗獨有也，至於為春秋，筆則筆，削則削，子夏之徒，不能贊一辭。

〔四〕唐、啖助曰：古之解說，悉是口傳，自漢以來，乃為章句，如本草皆後漢時郡國，而題以神農，山海經廣說殷時，而云夏禹所紀，自餘書籍比比甚多，是知三傳之義，本皆口傳，後之學者，乃著竹帛，而以祖師之目題之，予觀左氏傳，自周晉宋楚鄭等國之事最詳，晉則每一出師，具列將佐，宋則每因興廢，備舉六卿，故知史策之文，每國各異，左氏得此數國之史，以授門人，義則口傳，未行竹帛，後代學者乃演而通之，總而合之，編次年月，以為傳記。又廣采當時文籍，故兼與子產、晏子及諸國卿家傳，并卜書及雜占書，縱橫家小說諷諫等雜在其中，故敘事雖多，釋意殊少，是非交錯，混然難證。公羊、穀梁，初亦口授，後人據其大義，散配經文，故多乖謬，失其綱統，然其大指，亦是子夏所傳。

〔五〕唐、孔穎達曰：年時月日，四者史之所記，皆應具文，而春秋之經，有時而不月，月而不日，亦有日不繫月，月而無時者，或史文先闕，而仲尼不改，或仲尼備文，而後人脫誤，桓十七年五月無夏，昭十年十二月無冬，既得其月，時則可知，仲尼不應故闕其時，獨書其月，當是寫者脫漏，其日不繫於月，或是史闕文，若僖二十有八年，冬下無月，而有壬申丁丑，雖欲改之，無以復知，其時而不月，月而不日者，史官之文亦或自有詳略，案經傳書日者，有六百八十一事，自文公以上書日者二百四十九，宣公以下，亦俱六公，書日者四百三十二，計年數略同，而日數嚮倍，此則久遠遺落，不與近同，且他國之告有詳有略，若不告以日，魯史無由得其日而書之，如是，則當時之史，亦不能使日月皆具。仲尼從後修之，舊典參差，安能皆使齊同，去其日月，則或害事之先後，備其日月，則古史有所不載，自然舊有日者，因而詳之，舊無日者，因而略之，既有詳略，不可以為褒貶，故春秋諸事，皆不以月日為例。

〔六〕宋、程子曰：

〔1〕天之生民，必有出類之才，起而君長之，治之而爭奪息，導之而生養遂，教之而倫理明，然後人道立，天道成，地道平。二帝而上，聖賢世出，隨時有作，順乎風氣之宜，不先天以開人，各因時而立政，暨乎三王迭興，三重既備，子丑寅之建正，忠質文之更尚，人道備矣，天運周矣，聖王不復作，有天下者，雖欲倣古之迹，

亦私意妄為而已，事之謬，秦之以建亥為正，道之悖，漢專以知力持世，豈復知先王之道也，夫子當周之末，以聖人不復作也，順天應時之治，不復有也，於是作春秋，為百王不易之大法，所謂考諸三王而不謬，建諸天地而不悖，質諸鬼神而無疑，百世以俟聖人而不惑者也。先儒之傳曰，游夏不能贊一辭，辭不待贊也，言不能與於斯耳，斯道也，惟顏子嘗聞之矣。

〔2〕行夏之時，乘殷之輅，服周之冕，樂則韶舞，此其準的也，後世以史視春秋，謂褒善貶惡而已，至於經世之大法，則不知也。春秋大義數十，炳如日星，乃易見也，惟其微辭，奧義時措從宜者，為難知也，或抑或縱，或予或奪，或進或退，或微或顯，而得乎義理之安，文質之中，寬猛之宜，是非之公，乃制事之權衡，揆道之模範也，夫觀百物，然後識化工之神，聚眾材，然後知作室之用，於一事一義，而欲窺聖人之用心，非上智不能也。故學春秋者，必優游涵泳，默識心通，然後能造其微也。

〔3〕春秋有重疊言者，如征伐會盟之類，蓋欲成書，勢須如此，不可事事各求異義，但一字有異，或上下文異，則義須別。詩書載道之文，春秋聖人之用，詩書如藥方，春秋如用藥治病，聖人之用，全在此書，所謂不如載之行事，深切著明者也。五經之有春秋，猶法律之有斷例也，律令惟言其法，至於斷例，則始見其法之用也，春秋之書，百王不易之法，三王以後，相因既備，周道衰，而聖人慮後世聖人不作，大道遂墜，故作此一書，此義門人皆不得聞，惟顏子得聞，常語以四代禮樂是也。春

秋諸侯，不稟命天王，擅相侵伐，聖人直書其事，而常責夫被侵伐者，蓋兵加於己，則引咎自責，或辯論之以禮，又不得免焉，則固其封疆，上告之天子，下訴之方伯，近赴於鄰國，必有所直矣，苟不勝其忿而與之戰，則以與之戰者為主，責已絕亂之道也。春秋之文，一一意在示人，如土功之事，無小大莫不書之，其意止欲人君重民力也。

〔4〕春秋一句，即一事，是非便見於此，乃窮理之要，學者只觀春秋，亦可以盡道矣。他經非不可以窮理也，但論其義耳，春秋因其行事，是非較著，故窮理為要。春秋以何為準，無如中庸，欲知中庸，無如權，何物為權，義也，時也，春秋已前，既已立例，到近後來，書得全別。一般事，便書得別有意思，若以前例觀之，殊失也，春秋大率所書事同，則辭同，後人因謂之例，然有事同辭異者，蓋各有義，非可例拘也。

〔七〕宋、朱子曰：

〔1〕春秋之書，且據左氏，當時天下大亂，聖人且據實而書之，其是非得失，付諸後世公論，蓋有言外之意，若必於一字一辭之間，求褒貶所在。竊恐不然，國秀問三傳優劣，曰左氏會見國史，考事頗精，只是不知大義，專去小處理會，往往不會講學。公穀考事甚疏，然義理卻精，二人乃是經生，傳得許多說話，往往不會見國史。李丈問左傳如何，曰左傳一部載許多事，未知是與不是，但道理亦是如此，今且把來參考。問公穀如何，曰據他說，亦是有那道理，但恐聖人當初無此等意，如孫復明、

趙啖、陸淳、胡文定皆說得好，道理皆是如此，但後世因春秋去考時，當如此區處，若論聖人當初作春秋時，其意不解，有許多說話，擇之說文，定說得理太多，盡堆在裏面。曰不是如此底，亦壓從這理來。問春秋胡文定公之說如何。曰，尋常，亦不滿於胡說，且如解經不使道理明白，卻就其中多使故事，大與做時文答策相似。

〔2〕左傳君子曰，最無意思，因舉芟夷蘊崇之一段，是關上文甚事，左傳是一箇審利害之幾。善避就底人，所以其書有貶死節等事，其間議論，有極不是處，如周鄭交質之類，是何議論，其曰宋宣公可謂知人矣，立穆公其子饗之命以義夫，只知有利害，不知有義理，此段不如公羊說君子大居正，卻是儒者議論。或有解春秋者，專以日月為褒貶，書時月，則以為貶，書日，則以為褒，穿鑿得全無義理，若胡文定公所解，乃是以義理穿鑿，故可觀。

〔3〕安國春秋明天理，正人心，扶三綱，敘九法，體用該貫，有剛大正直之氣。問胡春秋如何？曰，胡春秋大義正，但春秋自難理會。胡春秋傳，有牽強處，然議論有開合，精神亦有過當處。問胡文定，據孟子春秋天下之事，一句作骨，如此，則是聖人有意誅賞，曰，文定是如此說道理，也是恁地，但聖人只是書放那裏，使後世因此去考見道理，如何便為是，如何便為不是，若說道聖人當時之意，說他當如此，我便書這一字以褒之，他當如彼，我便書那一字以貶之，則恐聖人不解恁地，左氏所傳春秋事，恐八九分是，公穀專解經，事則多出揣度。

〔4〕前輩做春秋義，言辭雖粗率，卻說得聖人大意出，如二程未出時，便有

胡安定、孫泰山、石徂徠，他們說經，雖是甚有疏略處，觀其推明治道，直是凜凜可畏，春秋本是嚴底文字，聖人此書之作，遏人欲於橫流，遂以二百四十二年行事，寓其褒貶，一字不敢胡亂下，使聖人作經，有今人巧曲意思，聖人亦不解作得。左傳是後來人做，為見陳氏有齊，所以言八世之後，莫之與京，見三家分晉，所以言公侯子孫，必復其始。左氏是史學，公穀是經學，史學者，記得事卻詳，於道理上便差。經學者，於義理上有功，然記事多誤。三家皆非親見孔子，或以左丘明恥之，是姓左丘，左氏乃楚左史倚相之後，故載楚事極詳。呂舍人春秋，不甚主張胡氏，要是此書難看，如劉原父春秋亦好，可學，云杜預每到不通處，不云傳，誤云經誤，曰可怪，是何識見。

〔八〕宋、邵子曰：治春秋者，不辨名實，不定五霸之功過，則未可言治春秋，先定五霸之功過而治春秋，則大意立。若事事求之，則無緒矣。春秋三傳之外，陸淳啖助可以兼治。春秋皆因事而褒貶，豈容人特立私意哉，人但知春秋聖人之筆削，為天下之至公，不知聖人之所以為公也，如因牛傷，則知魯之僭郊，因初獻六羽，則知舊僭八佾，因新作雉門，則知舊無雉門，皆非聖人有意於其間，故曰春秋盡性之書也。春秋為君弱臣強而作，故謂之名分之書，五霸者，功之首，罪之魁也，春秋者，孔子之刑則也，功過不相揜，聖人先褒其功，後貶其罪，故罪人有功，亦必錄之，不可不恕也。

〔九〕宋、歐陽修曰：昔周法壞而諸侯亂，平王以後，不復雅而下同列國，吳楚徐並僭稱王，天下之人不稟周命久矣，孔子生其末世，欲推明王道以扶周，乃聘諸侯極陳君臣之理，諸侯無能用者，退而歸魯，即其舊史，考諸行事，加以王法，正其是非，凡其所書，二用周禮為春秋十二篇，以示後世，後世學者，傳習既久，其說遂殊，公羊高、穀梁赤、左丘明、鄒氏、夾氏，分為五家，鄒夾最微，自漢世已廢，而三家盛行，當漢之時，易與論語分為三，詩分為四，禮分為二，及學者散亡，僅存其一，而餘家皆廢，獨春秋三傳，並行至今。初孔子大修六經之文，獨於春秋，欲以禮法繩諸侯，故其辭尤謹約而義隱，為學者不能極其說，故三家之傳，於聖人之旨，各有得焉，太史公曰，為人君者，不可不知春秋，豈非王者之法具在乎。

〔十〕宋、鄭樵曰：

〔1〕春秋者，魯史記之名也，有未經夫子筆削之春秋，有已經夫子筆削之春秋。孔穎達曰：春秋之名，無所經見，惟昭二年，韓起來聘，見魯春秋，晉語，司馬侯對悼公曰，羊舌肸習於春秋，悼公使之傳其太子，楚語，申叔時，論傳太子之法，亦云教之以春秋，由此觀之，是周之典禮不存，惟魯春秋為列國所重，皆在夫子未修之前，舊有春秋之目，則韓起之所見，與叔向叔時之所學者，乃周公伯禽以來，上自天子，下至列國，禮樂征伐等事，無不備載，皆周之盛時，為王之典章，此杜預所謂周之舊典，禮經是也，今汲家瑣語，亦有魯秋，記魯獻公十七年事，諸如此類，皆夫子未生之前，未經筆削之春秋也。孟子云，王者之迹熄而詩亡，詩亡，然後春秋作，此魯史記東遷以後事，已經夫子筆削之春秋也，或謂春秋之名取賞以春夏，刑以秋冬，

或謂一褒一貶，若春若秋，或謂春獲麟，秋成書，謂之春秋，皆非也，惟杜預所謂年有四時，故錯舉以為所記之名，此說得之，汲家瑣語，記夫子時事，自為夏殷春秋，墨子曰，吾見百國春秋以至晏子，虞卿，呂不韋，陸賈，著書皆曰春秋，蓋當時述作之流，於正史外，各記其書，皆取春秋以名之，然觀其篇策，本無年月，與錯舉春秋以為所記之名，則異矣。或曰春秋之名如此。

〔2〕而聖人作經之意，則何如？曰，聖人之意，其有憂乎，古者諸侯之國，各自有史，書成而獻於王，王命內史掌之，以別其同異，考其虛實，而知其美惡，周自東遷以來，威令不振，諸侯無所稟畏，而史官有虛美隱惡者，百世之下，眾史並作，予奪不同，善善，惡惡，不足以懲勸，聖人因魯史記以聞見其事，筆而為經，二百四十二年之事，約於一萬八千言之間，使後世因列國之史，斷以聖人之經，則史之不實者，即經以傳其實，經之所不載者，即史以知其詳，此則聖人之意，而左氏取之以為傳也，吁，春秋一經，造端乎魯，及其至也為周，造端乎一國，及其至也為天下，造端乎一時，及其至也為萬世，吾於此見之。

五、春秋外傳

左傳以外，還有一部分國記載的國語，漢代亦認為是左丘明所作，稱為春秋外傳，惟國語重在「語」，記事頗簡略，似出於另一作者，但為左傳著者重要史料之一，此書之說教，亦不外尚德、尊天、敬神、愛民，與左傳相近。

六、春秋三傳大義

（一）政治思想有助治亂：春秋三傳之政治思想，簡言之，乃撥亂反正，而明王道，茲引史記自序片段以證，其大意為：司馬遷與上大夫壺遂討論作史，言及其父談稱揚孔子整六經之豐功偉業，特別著重春秋之著作。復云董仲舒言，孔子曾稱：「我有種種覺民救世理想，若憑空議論，是無人相信，故將歷史現成事實據實寫出，以顯示善惡是非，賢與不肖，以作後世君臣之龜鑑。」由此觀之，此非但是孔子作春秋之趣旨，且為補敝起廢治亂無私之政治思想。

春秋包羅萬象，采善貶惡，絕非刺譏為事，是故國語記楚國申叔時論，教太子科目中即有「春秋」一項，由此充分證明「春秋」有助治亂之政治思想無疑矣。

（二）道德範疇有助教化：春秋道德範疇，乃春秋大義，茲分兩方面來講，其一是明辨是非，分別善惡，提倡德義，從成敗見教訓，以作人君之明鑒，其次則為誇揚霸業，推尊周室，親愛中國，排斥夷狄，實現民族大一統，作撥亂反正程序，而敬天事鬼亦在其中，以明王道，其載晉國史官董狐不懼權勢記：「趙盾弑君」，齊國太史記：「崔杼弑其君」，雖殺身不悔，如此之道德勇氣，非僅堪誇，且對後世之道德教化有莫大之俾益也。

七、左傳昔年何以能在民間流行

左傳一書大體而言是依春秋而作，且參考群書詳述史事，徵引孔子與其他「君子」之解經評史言論，吟味書法，自成一家，因重視卜筮，所記禍福預言，幾乎無不應驗，雖難免有違徵實及儒家宗旨背離，但能迎合一般民眾迷信心理，乃作者之最大成就。因此晉范寧作穀梁傳序有云：「左氏艷而富，其失也巫」，「艷」即文章美，「富」是材料多，「巫」是多敘鬼神，預言禍福，實乃一語中的。而杜預作春秋序對左傳論曰：「其文緩，其旨遠」，「緩」是委婉，「遠」是含蓄，也就說是好史筆，是好文筆，所以左傳不但是史學權威，也是文學權威，左傳之文學表現在記敘，辭令和謀寫戰爭上，春秋列國，盟會頻繁，使臣言詞，不但關係榮辱，且關係利害，所以極重辭令，左傳所記當時君臣語言，從容委曲，意味深長，真所謂恰到好處，此固然是當時風氣，但若非左傳著述者潤飾工夫到家，決難活躍於紙上，尤其在做人做事上，都有莫大助益，此乃當時民間重視流行之主因。

八、春秋三傳今人何以疏離

二十世紀以來，科學日興月盛，人類智識水準之提高，可說已至爆炸時代，由於知識大增，則科學更為昌盛，成為互補互利，由是人類非但能探月勘星，且可太空遨遊，視地球為彈珠，人類似微生之物，非但可複製生物，亦可將生物化為灰飛，因之是非真偽難分，人類生活空間不斷擴大，如電視電話傳真傳音傳聲，上天入地之鐵路飛機乃至太空船，兵艦潛艇，顯示人類非但僅為萬物之靈，且亦無所不能矣。在人類知識高張，科學日益昌明之時，人類追求一己之私，乃隨之湧現。

春秋三傳之大義乃在明是非，別善惡，倡德義，重倫常，明王道之政治思想，在今時民主自由時代中，人類為生計，為名利之追求，則難免作出違倫離德之事，若論道義，則更稀微，因此主政者多以適應時代之需要而教子民，此乃疏離春秋大義之主因，曷勝唏噓，其次則為春秋三傳之文言至為艱澀，尤以公穀二傳章句為最，若國學基礎較遜或對歷史所習淺薄者，可說領悟困難，且乏味至極，亦為原因之一，個人以為科學智慧與倫理道德，為人類生存不可或缺之要素，若背離倫理道德，即使有再高之智慧，其所作所為若為一己之私，則對人類福祉，毫無可言，但若處處都以倫理道德所困，則人類永陷平庸難以長進，故筆者仍認為應習三傳之史實，從成敗中求教訓以造福社會而增人類福祉。

九、春秋是史又是經

〔一〕經史二字釋義：史者，記事者也。又六官之佐屬，詩小雅賓之初筵：「或佐之史」，周禮凡官屬皆有史，掌官書以贊治也。又國家記事書也，始於尚書春秋。又姓也，周大夫史佚之後。經者，織從絲也，從同縱，論衡量知：「紡績織經」，按凡縱線皆謂之經，如道路以南北為經，天空與地球以南北極與赤道正交之線為經，南北即縱也。又常也，凡常道常法皆曰經，禮中庸：「凡為天下國家有九經」。又聖賢所著書曰經，如十三經，釋老二家之書亦皆稱經，如大藏經，老子道德經。又普通著書亦每襲用其名，如山海經、水經、葬經、茶經等。又治也，左傳昭二十五年：「為夫婦外內，以經二物」。又過也，歷也，漢書五行志：「還經魯地」。又身歷其事亦曰經，如云身經百戰。又縊也，論語憲問：「自經於溝瀆，而莫之知也」。又分畫也，周禮天官序官：「體國經野」，按經野謂分畫區域，制定里數。又數名，亦作京，御覽七五引風俗通：「十兆謂之經」。又經脈亦簡稱經。又婦女之月經亦簡稱經。又姓也，魏經侯之後，晉有經曠，明有經濟。

〔二〕稱史稱經之說明：

〔1〕春秋三傳何以是史又是經，筆者在前面作三傳簡介中已略加說明，已可看出端倪，茲舉大學一篇，朱子分成經一章，傳十章來看，朱子之意，傳在解釋經文，傳是要合於經文，若以春秋三傳言，可說都在釋經，惟公羊穀梁兩傳所釋，仍過於扼要，但均係歷史事實，依其所釋，仍難見經史分明，且困於不諳全貌，特再舉例說明如后。

〔2〕春秋卷一曰：「夏五月鄭伯克段於鄢」之章句，若不加以詮釋，試問何人能悟底蘊，試就各傳之釋註節錄如后：鄢音偃，鄭邑，在滎陽宛陵縣西南；鄭國伯爵，譜云姬姓，周厲王子，宣王母弟，友之後也，宣王封友於鄭鄢，穎川鄢陵線。公羊傳注疏：克之者何，殺之也，殺之則曷為謂之克，大鄭伯之惡也，曷為大鄭伯之惡，母欲立之，已殺之，如勿與而已矣，段者何，鄭伯之弟也，何以不稱弟，當國也，其地何，當國也，齊人殺，無知何以不地，在內也，在內雖當國不地也，不當國，雖在外，

亦不地也。穀梁傳注疏：克者何，能也，何能也，能殺也，何以不言殺，見段之有徒眾也，段，鄭伯弟也，何以知其為弟也，殺世子母弟目君，以其目君，知其為弟也，段，弟也而弗謂弟，公子也而弗謂公子，貶之也，段失子弟之道矣，賤段而甚鄭伯也，何甚乎鄭伯，甚鄭伯之處心積慮成於殺也，於鄢，遠也，猶曰取之其母之懷中而殺之云爾，甚之也，然則為鄭伯者宜奈何，緩追逸賊，親親之道也。左傳注疏：初鄭武公娶於申，曰武姜，生莊公，及共叔段，莊公寤生，驚姜氏，故名曰寤生，遂惡之，愛共叔段，欲立之，亟請於武公，公弗許，及莊公即位，為之請制，公曰，制，巖邑也，虢叔死焉，他邑惟命，請京，使居之，謂之京城大叔，祭仲曰，都城過百雉，國之害也，先王之制，大都不過參國之一，中五之一，小九之一，今京不度，非制也，君將不堪，公曰，姜氏欲之，焉辟害，對曰，姜氏何厭之有，不如早為之所，無使滋蔓，蔓，難圖也，蔓草猶不可除，況君之寵弟乎，公曰，多行不義必自斃，子姑待之，既而大叔命西鄙北鄙貳於己，公子呂曰，國不堪貳君，將若之何，欲與大叔，臣請事之，若弗與，則請除之，無生民心，公曰，無庸，將自及，大叔又收貳以為己邑，至於廩延，子封曰，可矣，厚將得眾，公曰，不義不暱，厚將崩，大叔完聚，繕甲兵，具卒乘，將襲鄭，夫人將啟之，公聞其期，曰，可矣，命子封帥車二百乘以伐京，京叛大叔段，段入於鄢，公伐諸鄢，五月辛丑，大叔出奔共，書曰，鄭伯克段於鄢，段不弟，故不言弟，如二君，故曰克，稱鄭伯，譏失教也，謂之鄭志，不言出奔，難之也，遂寘姜氏於城潁，而誓之曰，不及黃泉無相見也，既而悔之，潁考叔為潁谷封人，聞之，有獻於公，公賜之食，食，舍肉，公問之，對曰，小人有母，皆嘗小人之食矣，未嘗君之羹，請以遺之，公曰，爾有母遺，緊我獨無，穎考叔曰，敢問何謂也，公語之故，且告之悔，對曰，君何患焉，若闕地及泉，隧而相見，其誰曰不然，公從之，公入而賦，大隧之中，其樂也融融，姜出而賦大隧之外，其樂也洩洩。遂為母子如初，君子曰，穎考叔純孝也，愛其母，施及莊公，詩曰，孝子不匱，永錫爾類，其是之謂乎。

〔3〕春秋三傳是史又是經，從以上三傳各家之釋注，充分顯示經者，章句也，傳者，釋注也，史也，尤以左傳之釋注非但詳實，且將忠孝仁義之義理活躍於字裏行間，令人十分欽敬，所以曰作春秋，亂臣賊子懼，乃至理名言也。

〔4〕經史之分依學術思想史的開山黃宗義黎洲先生云：以事言謂之史，以道言謂之經，事即道，道即事，春秋亦經，五經亦史，由此觀之，可以說已充分發揮了「經世致用」之學矣。

十、春秋時代天下概況

〔一〕國家王侯：依據欽定四庫全書提要，春秋年表一卷不著撰人名氏，陳振孫書錄解題云，春秋二十國，年表一卷不知何人作，自周而下，次以魯、蔡、曹、衛、滕、晉、鄭、齊、秦、楚、宋、杞、陳、吳、邾、莒、薛、許、小邾。自周之外凡十三國，自周至吳、越凡十國，而該時代所稱周十二王自周而下為平王、桓王、莊王、僖王、惠王、襄王、頃王、匡王、定王、簡王、靈王、景王、〔惟敬王元年昭二十三年亦崩於春秋後）。而所稱十二公，自魯而下為隱公、桓公、莊公、閔公、僖公、文公、宣公、成公、襄公、昭公、定公、哀公。

〔二〕春秋五霸：春秋五霸及其主要霸業為齊桓莊公十三年會北沓，宋襄、僖十九年盟曹南，晉文、僖二十八年戰城濮，秦穆、文三年伐晉，楚莊、宣十一年盟辰陵。其盟、會、伐、戰，請讀者自行鑽研，恕不詳述。

〔三〕諸侯興廢：魯滅一國—項，晉滅十二國—耿、魏、霍、虢、虞、焦、楊、韓、肥、鼓、偪陽、陸渾，楚滅二十一國—息、弦、黃、蔡夔、鄧、權、江、六、蓼、鄘、庸賴、陳、舒鳩、蔡、唐、頓、胡、申、隨、須，秦滅二國—梁、滑，齊滅五國—譚、紀、遂、鄣、萊，邾滅一國—句，魏滅一國—邢，莒滅一國—鄫，狄滅一國—溫，吳滅一國—徐，蔡滅一國—沈，鄭滅一國—許，宋滅一國—曹，越滅一國—吳。

卯、結語

一、春秋尊王之書也，孔子因魯史策書成文，考其真偽而志其典禮，上以尊周公遺制，下以明將來之法，其發凡以言例，皆經國之常制。

二、春秋三傳，其事則齊桓、晉文，其文則史，其時則自魯隱公元年（周平王四十九年）訖魯哀公十四年（周敬王三十九年），凡十二公，計二百四十二年，約一萬八千言之間。

三、春秋何以始於魯隱公，答曰，周平王，東周之始王也，隱公讓國之賢君也，考乎其時則相接，言乎其位則列國，本乎其始，則周公之祚胤也，若平王能祈天永命，紹開中興，隱公能宏宣祖業，光啟王室，則西周之美可尋，文武之迹不墜也，是故因其歷數附其行事，采周之舊，以會成王義，乘法將來，所書之王，周平王也，所書之歷，周正〔政〕也，所稱之公，魯隱公也。

四、春秋之亂，蓋幽王以暴虐見禍，平王以微弱東遷，征伐不由天子之命，號令出自權臣之門，故兩觀表而臣禮亡，朱干設而君權喪，下陵上替，僭逼理極，天下蕩蕩，王道盡失，孔子睹滄海之橫流，迺為喟然而嘆曰，文王既沒，文不在茲乎。

五、春秋三傳大義，簡而言之，乃撥亂反正而明王道也，春秋包羅萬象，采善貶惡，其道德範疇，乃明辨是非，分別善惡，提倡德義，從成敗中見教訓，誇揚霸業，推尊周室，親愛中國，排斥夷狄，實現民族大一統，而敬天事鬼，亦在其中，期明王道。

六、宋鄭樵曰，聖人作經之意，其有憂乎，古者諸侯之國，各自有史，書成而獻於王，王命內史掌之，以別其同異，考其虛實，而知其美惡，周自東遷以來，威令不振，諸侯無所稟畏，而史官有虛美隱惡者，百世之下，眾史并作，予奪不同，善善，惡惡，不足以懲勸，聖人因魯史記以聞見其事，筆而為經，春秋一經，造端乎魯，及其至也為周，造端乎一國，及其至也為天下，造端乎一時，及其至也為萬世。

七、春秋三傳之中，公羊、穀梁兩傳，全以解經為主，左傳則以敘事為主。公穀以解經為主，所以咬文嚼字十分利害，戰國末期，專解春秋者甚多，公穀皆晚出而僅存，此兩家固有不少相異之處，但淵源相同。春秋因是儒家傳授經典，因此解說者自然離不開儒家，左傳是漢代為魯國左丘明所作，因其敘事頗詳，且有教化作用，故昔時獲得民間認同而流行。

八、孟子曰，春秋，天子之事也，是故孔子曰，知我者，其惟春秋乎，罪我者，其惟春秋乎，孔子成春秋而亂臣賊子懼，王者之迹熄而詩亡，詩亡，然後春秋作，晉之乘，楚之檮杌，魯之春秋一也，其事則齊桓晉文，其文則史，其義則某竊取之矣。

筆者述作本文，固因中華易學研究會定於西元二〇〇〇年出刊百友文集，而筆者又忝列學會理事四屆，長達十餘年之久，理應盡己所知，盡己所能，提出拙見，藉供同道參考，時下台澎金馬政情紊亂，人心不安，事多違常，何異春秋時代，曷勝唏噓，特引程子曰：「天之生民，必有出類之才，起而君長之，治之而爭奪息，導之而生養遂，教之而倫理明，然後人道立，天道成，地道平。二帝而上，聖賢世出，隨時有作，順乎風氣之宜，不先天以開人，各因時而立政，暨乎三王迭興，三重既備，子丑寅之建正，忠質文之更上，人道備矣，天運周矣，聖王不復作，有天下者，雖欲倣古之迹，亦私意妄為而已，事之謬，秦之以建亥為正，道之悖，漢專以知力持世，豈復知先王之道也。夫子當周之末，以聖人不復作也，順天應人之治，不復有也，於是作春秋，為百王不易之大法，所謂考諸三王而不謬，建諸天地而不悖，質諸鬼神而無疑，百世以俟聖人而不惑也。」以作為本文之結語。

六龍與人生講稿

前言

本文原係順初出席河南安陽一九九九年第十屆周易與現代化國際研討會宣讀文，曾載易學研究第二百五十七期，上年八月張理事長廷榮教授住院治病期間，因代課關係，復於台北市社教館對「六龍與人生」一文再作補充講解如后：

壹、講在前面

一、今天順初由台中抱病來此講課，是因本會秘書長陳文華先生于本週二以長途電話告知，謂張理事長因病住院，除已請武老師等代課外，希順初亦能北來代課，順初接電話後，遽聞學會榮譽理事長因病住院，豈能不答應北來，故毫無疑義於昨日即來台北，先到景美醫院探視張理事長病情，見其開刀後已漸復原中，曷勝欣慰，此真應了子曰：「莫之至而至者天也，莫之為而為者命也。」之名言矣。

二、順初今天要講的是在解說「六龍與人生」有關名詞與有關字義，原文請自行閱讀。

三、最近台灣與大陸鬧兩國問題十分煩人，亦難免有擾各道長清神，特將五年前順初所著「遊子思親記」所載之部份資料提供各道長參考，如附件一二三。附件已載天均詩文集「遊子思親記」一文中及「試談六龍與人生」不贅。

貳、文義解釋

一、談六龍與人生，順初以為首先必須了解易經究竟是本什麼樣的書，其次是須了解「龍」「仙」「聖」「賢」等字的真義，才有助全文之了解。

二、易經是本什麼樣的書，順初撰有專文，載於研易道學友文集，請各道長再去翻閱一下，對本文了解定有幫助，如無該文集之道學友，可去台北市重慶南路三民書局購買。特在此再作簡介：

（一）易學概分為：「帝王之學」「天人之學」「絜靜精微之學」「卜筮之學」，時歷數千年，人文隨潮流之變遷，本文應時代要求，帝王之學似可改為民主之學，故模擬而言六龍與人生。

（二）何稱天人之學，請看易經上經係始乾坤「天地」終坎離「日月」共三十卦，是陰陽合德，日月合明，明天道以示人道。下經共三十四卦，始咸恆「少男少女，長男長女」，終既濟未濟「中男中女」，立人道合天道，表示致中立極之道，與本末終始之義，另一方面表示人類萬物與天地日月共化育同生存，故稱之為天人之學。

（三）絜靜精微之學，孔子曰：「入其國其教可知也，其為人也，溫柔敦厚詩教也，疏通知遠書教也，廣博易良樂教也，恭儉莊敬禮教也，絜靜精微易教也，屬詞比事春秋教也。」繫傳：夫易聖人所以極深而研幾也，唯深也，故能通天下之志，唯幾也，故能成天下之務，朱子註：「研猶審也，幾微也，所以極深者至深，研幾者至變。

三、「龍」、「仙」、「聖」、「賢」等字釋義：

（一）何謂龍—古釋龍字，1鱗蟲之長，即麟鳳龜龍四靈之一。2君也。3歲星也。4馬八尺以上曰龍。5堪輿學稱山勢為龍，依時下學者之分釋，高尚出眾者皆可稱之為龍，如人中龍等。而易經所稱之龍，則以陽物言之，蓋畫卦是以奇數為陽。

（二）何謂仙—1道家稱有法術長生不老之人為仙。2人死稱仙，如仙逝。3不凡的人稱仙，如詩仙、酒仙、醉八仙等。

（三）何謂聖—聖，通也，說文：「睿作聖」，傳：「於事無不通者謂之聖」。道德修養造極者謂之聖，凡精通一事他人莫能及者謂之聖，佛家以會正名聖，至尊無上之稱，如聖諭、聖人等。

（四）何謂賢—賢，才多也，有善行曰賢，物善者曰賢，賢，勞也，如賢勞、劬勞。因其善而善之亦曰賢，如論語：「賢賢易色」。從以上聖賢之釋義，各道學友，尤其是張理事長之奉獻精神，堪稱之為聖賢矣。

參、原文註釋

一、大陸易學會定名為周易與現代化國際研討會，似仍秉承毛澤東先生五十年前倡導之理論與事實相結合為著眼，毛澤東先生雖係獨裁而不顧人民死生力倡共產主義，為害世人，但所稱理論與事實結合，實乃心物一體之論，吾人當可借鏡以傳中華文化。

二、九二見龍在田，所稱龍德而正中者也，德者，得也，庸言之信，「庸」，常也。閑邪存其誠，「閑」，防也，蓋世而不伐，「伐」，自誇也。

三、九四引乾文言，子曰：上下無常，非為邪也，「邪」，即非故意行怪入邪路之意，非離群也，即非故意妄想高攀也。

四、九五所稱天命之年，「天命」即人生道義責任自然法則，壽命乃天所賦與者，孟子曰：「天命之謂性，率性之謂道。」釋之最為透徹。所謂飛龍在天，文言曰：飛龍在天，上治也，〔無不治也〕，飛龍在天乃位乎天德〔五為天位〕。末段子曰：同聲相應・・・進德修業之大則。此段可說關係國家之興衰，家庭之成敗，所以前面才特別解釋「聖」「賢」二字。

五、用九—九為陽，陽便是天德，「陽」全變成「坤」陰，「坤」，元、亨、利，牝馬之貞，坤本為牛，因牛行屯，故以馬行速而配龍，而馬又屬陽，故以「牝馬配之，勉與龍配」此乃易之奇而法也。文中引用彖曰：「大哉乾元，萬物資始，乃統天、雲行雨施，品物流形，大明終始，六位時成時乘六龍以御天。」此段是在釋「元」亨，最後所言「正性命」，是說不歪曲事之剛柔遲速，「致中和」是說對喜怒哀樂發而皆中節也。

六、尾語：所引用傳曰：「一陰一陽之謂道，繼之者善，成之者性，仁者見之謂之仁，知者見之謂之知，百姓日用而不知，故君子之道鮮矣。」即是說：仁者發現於惻隱，則謂之仁，知〔智〕者發現於是非，則謂之知〔智〕，日用而不知謂愚不肖之不及也，〔不及仁，不及知，猶如飲食鮮知其味也。惠棟註：「合天地之數為道，即七、八、九、六。」來知德註：「在人謂仁知，在天地謂德業，在易為乾坤。」皆釋一陰一陽之謂道也。

結語

研習六龍與人生，必先了解易經究竟是本什麼樣的書，其次則須了解何謂龍、何謂仙、何謂聖、何謂賢。

研究易學，除在作中華文化之傳承外，是能進德修業，為人類服務。

研究易學要廣獵故有文學，摘他人之長，補個人之未知，談六龍與人生是在擬議人生，亦在激勵人生如何進德修業，而將我中華優美之入世文化廣傳於後世。

試談論語

子、論語溯源

考諸論語有三，曰魯論，曰齊論，曰古論，漢劉向別錄云，魯人所學，謂之魯論，齊人所學，謂之齊論，孔壁所得，謂之古論。魯論凡二十篇，齊論計二十二篇，較魯論多問王知道二篇，問王知道，古論亦無之，問王者，問玉也，古王玉字，形近易混，漢許慎說文玉部有孔子論玉語，正出齊論，太平御覽引逸論有論玉篇，秀永朱氏亦疑問王即問玉，古論則由漢景帝時，魯恭王壞孔子舊宅而得有二十一篇，蓋分堯曰篇後，子張問如何斯可以從政矣，以下為篇，名曰從政，故多一篇，孔子十二世孫漢孔安國，及馬融先後為之訓說，今齊論古論胥久佚，惟魯論存，漢書藝文志云，論語者，孔子應答弟子時人及弟子相與問答，而接聞於夫子之語也，當時弟子各有所記，夫子既卒，門人相與輯而論纂，故謂之論語。

丑、論語考據

宋程頤以為論語之書，成於有子曾子之門人，故其書獨以二子稱。梁皇侃有論語義疏，亦久佚，自日本還歸，其於論語之題名闡解尤詳，略云，於是弟子僉陳往訓，各記舊聞，撰為此書，而成實錄，上則尊仰聖師，下則垂軌萬代，既方為世典，不可無名，然名書之法，必據體以立稱，猶如以孝為體者，則謂之孝經，以莊敬為體者，則謂之禮記，然此書之體適會多途，皆夫子平生應機作教，事無常準，或與時君抗厲，或共弟子以抑揚，或自顯示物，或混跡齊凡，問同答異，言近意深，詩書互錯綜，典誥相紛紜，義既不定於一方，名故難求乎諸類，因題「論語」兩字以為此書之名，按皇侃係疏三國魏何宴之論語集解，何作則據魯論，漢鄭玄亦嘗就魯論篇章考之古論齊論為之註，近敦煌石室所出論語註殘本四卷，題曰孔氏本鄭氏註，即是書也，曰孔氏本者，蓋唐人題者誤以為孔安國古文論語故，此外疏論語者，不可殫述，今惟宋朱熹集注本通行於世矣。

寅、論語篇目

學而第一，為政第二，八佾第三，里仁第四，公冶長第五，雍也第六，述而第七，泰伯第八，子罕第九，鄉黨第十，先進第十一，顏淵第十二，子路第十三，憲問第十四，衛靈公第十五，季氏第十六，陽貨第十七，微子第十八，子張第十九，堯曰第二十。

卯、分類編註

壹、學而篇

一、學而第一注解——學而是篇名，第一是篇序，以下各篇均同。

二、好學修身

〔一〕子曰，學而時習之，不亦說〔悅〕乎，有朋自遠方來，不亦樂乎，人不知而不慍，不亦君子乎。註：本章是孔子教人好學，而要一層深似一層。

〔二〕子曰，君子不重則不威，學則不固，主忠信，無友不如己者，過則勿憚改。註：本章是誨人加強自修工夫，尤其要知過必改。

〔三〕子曰，君子食無求飽，居無求安，敏於事而慎於言，就有道而正焉，可謂好學也已。註：本章是孔子拿君子好學的情狀，引人好學。自己覺得不對的地方，就去請教有道之士。

〔四〕子貢曰，貧而無諂，富而無驕，何如？子曰，可也，未若貧而樂，富而好禮者也。子貢曰，詩云，如切如磋，如琢如磨，其斯之謂與？子曰，賜也，始可與言詩已矣，告諸往而知來者。註：本章是孔子與子貢論學問，由淺及深，一步進一步的情形。

〔五〕子曰，不患人之不己知，患不知人也。〔知道別人的是非邪正〕。註：此乃孔子教人要充實自己的學問，要有知人的能力。

〔六〕子曰，巧言令色，鮮矣仁。註：本章為孔子警戒人不能只修飭外貌，要修內心。

〔七〕曾子曰，吾日三省吾身，為人謀而不忠乎，與朋友交，而不信乎，傳不習乎。註：本章為曾子警戒人不要自己欺騙自己，一切必須盡心盡力去做。

三、孝弟忠信

〔一〕有子曰，〔有子為孔子弟子，有若字子若〕其為人也孝弟，而好犯上者鮮矣，不好犯上而好作亂者，未之有也，君子務本，本立而道生，孝弟也者，其為人之本與。註：本章是有子教人從根本上用心，並說明孝弟是根本。

〔二〕子曰，弟子入則孝，出則弟，謹而信，汎愛眾，而親仁，行有餘力，則以學文。註：本章為孔子講德行為本，文藝為次。

〔三〕曾子曰，慎終追遠，民德歸厚矣。註：本章是曾子勸告在上位者注意喪祭禮節。

〔四〕子曰，父在觀其志，父沒觀其行，三年無改於父之道，可謂孝矣。註：本章是孔子指示觀察人子孝與不孝的方法。

四、治國大要

〔一〕子曰，道千乘之國，敬事而信，節用而愛人，使民以時。註：本章是孔子論治國之大要。

〔二〕子禽問於子貢曰，〔子禽名陳亢字子禽，為孔子弟子〕夫子至於是邦也，必聞其政，求之與，抑與之與，子貢曰，夫子溫、良、恭、儉、讓以得之，夫子之求之也，其諸異乎人之求之與。註：本章是子貢解釋孔子的聞政，完全由於盛德感化而得。

〔三〕有子曰，禮之用，和為貴，先王之道，斯為美，小大由之，有所不行，知和而和，不以禮節之，亦不可行也。註：本章是有子言先王治國之道，不論大小都用禮固然重要，但仍要和順。

五、處世唯慎

〔一〕子夏曰，賢賢易色，事父母能竭其力，事君能致其身，與朋友交言而有信，雖曰未學，吾必謂之學矣。註：本章是子夏教人務本重實。

〔二〕有子曰，信近乎義，言可復也，恭近於禮，遠恥辱也，因不失其親，亦可宗也。註：本章為有子教人謹慎事物之開始。

貳、為政篇

一、為政之道

〔一〕子曰，為政以德，譬如北辰，居其所，而眾星共〔拱〕之。註：本章為孔子說施政要以德化做原則，人民自然歸善，可以高拱無為而治。

〔二〕子曰，道之以政，齊之以刑，民免而無恥，道之以德，齊之以禮，有恥且格。註：本章是孔子說治民不能單靠刑法，要重德行以禮節感化。

（三）哀公問曰，何為則民服，孔子對曰，舉直錯諸枉，則民服，舉枉錯諸直，則民不服。註：本章是孔子教魯君拿公義去收民心，也就是說要用正直的人捨棄枉曲的人。

（四）季康子問使民敬忠以勸，（季康子，魯國大夫）如之何（如何辦到），子曰，臨之以莊則敬，孝慈則忠（本身能孝順父母，慈愛大眾，人民自能盡忠），舉善而教不能則勸。註：本章是孔子說在上位的人應該先正自己。

（五）或謂孔子曰，子奚不為政？子曰，書云孝乎，惟孝友於兄弟，施於有政，是亦為政。註：本章是孔子闡明齊家也是施政。

二、循序進學

（一）子曰，吾十有五而志於學，三十而立，四十而不惑，五十而知天命，六十而耳順，七十而從（如）心所欲不踰矩。註：本章是孔子自述進學順序。

（二）子曰，溫故而知新，可以為師矣。註：本章是孔子教人求學要溫習舊日所學，悟出新的意思出來。

（三）子曰，學而不思則罔，思而不學則殆。註：本章是孔子論理想和實行要雙方並重，不能偏廢。

（四）子曰，攻乎異端斯害也已。註：本章是孔子告誡人須學正道，若研究邪教必先害自己。

〔五〕子曰，由，誨女〔汝〕知之乎，知之為知之，不知為不知，是知也。註：本章是孔子告誡子路不要強稱多智，凡不明白之處不要謊稱知道。

〔六〕子曰，詩三百，一言以蔽之，曰，思無邪。註：本章是孔子說〔曰〕詩經的要旨。

三、縱論孝道

〔一〕孟懿子問孝，子曰，無違。樊遲御〔為孔子拉車，名須〕，子告之曰，孟孫問孝於我，我對曰，無違，樊遲曰，何謂也，子曰，生事之以禮，死葬之以禮，祭之以禮。註：本章是孔子教孟懿子依禮盡孝。

〔二〕孟武伯問孝，子曰，父母唯其疾之憂。註：本章是孔子要人守身盡孝，也就是說父母最怕子女有疾病。

〔三〕子游問孝，子曰，今之孝者，是謂能養，至於犬馬，皆能有養，不敬，何以別乎。註：本章是孔子教人敬親盡孝，也就是說孝順父母不能以養活為滿足。

〔四〕子夏問孝，子曰，色難，有事弟子服其勞，有酒食〔音嗣〕先生饌，曾是以為孝乎。註：本章是孔子教人要愛親盡孝，其最難之處乃在能承順父母，不得有不和悅的臉色。

四、觀人識人

〔一〕子曰，視其所以，觀其所由，察其所安，人焉廋哉，人焉廋哉。註：本章乃孔子教人看人要由其行為中去觀察。

﹝二﹞子曰，君子不器。註：本章是孔子告訴人，君子學識廣博，不像每一器皿只限於一個用途。

﹝三﹞子貢問君子，子曰，先行其言，而後從之。註：本章是孔子觀人，如果他先說的與他以後所作的都是一樣，那就算得了君子。

﹝四﹞子曰，君子周而不比﹝是說君子全是公心，對人親厚，不偏黨少數人﹞，小人比而不周。註：本章是孔子解釋君子待人親厚，小人事事存私，乃君子小人的分別。

五、重信知非

﹝一﹞子曰，人而無信，不知其可也，大車無輗﹝駕牛橫木﹞，小車無軏﹝橫木的關鍵﹞，其何以行之哉。註：本章是孔子誡人如無信用，有如車子沒有駕牛的橫木，小車沒有駕馬的曲輿，是無法行走的。

﹝二﹞子張學干祿，子曰，多聞闕疑，慎言其餘，則寡悔，言寡尤，行寡悔，祿在其中矣。註：本章是孔子教人，不要專在世務上揣摩，要拿出自己的真實見解。

﹝三﹞子曰，吾與回﹝顏回﹞言終日，不違如愚，退而省其私，亦足以發，回也不愚。註：本章是孔子贊顏回能悟道。

﹝四﹞子曰，非其鬼而祭之，諂也，見義不為，無勇也。註：本章是孔子誨人不要媚神而廢人事。

六、察往知來

〔一〕子張問十世可知也，子曰，殷因於夏禮，所損益，可知也，周因於殷禮，所損益，可知也，其或繼周者，雖百世可知也。註：本章是孔子考察過去，推知未來。

參、八佾篇

一、正名定分

〔一〕孔子謂季氏〔季氏魯國大夫〕八佾舞於庭，是可忍也，孰不可忍也。註：八佾是天子的禮樂，季氏擅舞於家庭，不合體制，孔子誅責是要正名定分。

〔二〕三家者以雍徹〔三家指魯大夫孟孫、叔孫、季孫三家，拿天子所用的雍詩祭祀完畢徹去供具時候而歌誦〕，子曰，相維辟公，天子穆穆，奚取於三家之堂。註：本章亦是孔子譏刺三家，既非天子主祭，諸侯助祭，而採取雍詩，乃名不正之舉。

二、夜郎驕僭

〔一〕林放問禮之本，子曰，大哉問，禮，與其奢也〔指奢華驕僭〕，寧儉，喪，與其易也〔做表面工夫〕，寧戚。註：本章是孔子用維持禮法，而維持世道。

〔二〕子曰，夷狄之有君，不如諸夏之亡也。註：本章是孔子見當時諸侯僭亂，有失君臣名分，憤極感歎之言也。

〔三〕季氏旅於泰山〔指魯大夫季康妄祭於泰山〕，子謂冉有曰，女〔汝〕弗能救與？對曰，不能，子曰，嗚呼！曾謂泰山不如林放乎？註：本章是孔子藉責冉有而使季氏自知無益而終止。

三、縱論禮樂

〔一〕子曰，君子無所爭，必也射乎〔射，禮之一種〕，揖讓而升，下而飲，其爭也君子。註：本章是孔子教人要有禮讓精神，不能意氣用事。

〔二〕子夏問曰，巧笑倩兮，美目盼兮，素以為絢兮，何謂也。子曰，繪事後素，曰〔子夏〕禮後乎？子曰，起予者商也，始可與言詩已矣。註：本章在記教學相長之實況，孔子自稱起發他心志的人要算商。

〔三〕子曰，夏禮，吾能言之，杞不足徵也〔杞，杞國也〕，殷禮，吾能言之，宋不足徵也，文獻不足故也，足則吾能徵之矣。註：本章是孔子慨歎夏殷兩朝禮制失傳。

〔四〕子曰，周監於二伐〔指夏商二代修訂〕，郁郁乎文哉，吾從周。註：本章是孔子讚美周禮之完備。

〔五〕子語魯大〔泰〕師樂曰〔樂，樂官也〕，樂其可知也，始作翕如也，從〔縱〕之純如也〔指六音調和〕，皦如也〔指不相混亂〕，繹如也〔指相連不絕〕，以成。註：本章是孔子要糾正當時已廢缺的樂音。

〔六〕子曰，事君盡禮，人以為諂也。子曰，居上不寬，為禮不敬，臨喪不哀，吾何以觀之哉。註：本章是孔子教人處世當尊崇理法，不要自己做不到，反說別人是諂媚。

〔七〕子謂韶，盡美矣，又盡善也，謂武，盡美矣，未盡善也。註：韶樂是舜所作，武樂是武王所作，本章是孔子論韶樂武樂之不同。

〔八〕子曰，人而不仁，如禮何，人而不仁，如樂何。註：本章是孔子說仁為禮樂的根本。

四、祭祀之禮

〔一〕子曰，禘〔祭之一種〕自既灌而往者〔指酒灌地〕，吾不欲觀之矣，或問禘之說，子曰，不知也，知其說者，之於天下也，其如示諸斯乎，指其掌。註：本章是孔子慨歎禘祭之失禮，與禘祭易知難言。

〔二〕祭如在，祭神如神在，子曰，吾不與祭，如不祭。註：本章是孔子說祭祀要誠敬，不在虛文。

〔三〕子入大廟，每事問，或曰，孰謂鄹〔鄒〕人之子知禮乎，入大廟，每事問，子聞之曰，是禮也。註：本章是孔子對祭祀大典誠敬謹慎。

〔四〕子貢欲去告朔之餼羊，子曰，賜也，爾愛其羊，我愛其禮。註：本章是孔子要保存固有告朔古禮。

五、言行知分

〔一〕定公問君使臣，臣事君，如之何？孔子對曰，君使臣以禮，臣事君以忠。註：本章是孔子申說君臣各盡各的本分道理。

〔二〕子曰，關睢樂而不淫〔詩關睢〕，哀而不傷。註：本章是孔子申說詩人性情的中正。

〔三〕哀公問社〔社，指立社〕於宰我，宰我對曰，夏后氏以松，殷人以柏，周人以栗，曰，使民戰栗〔慄〕，子聞之曰，成事不說〔已完成的事〕，遂事不諫〔必須成的事〕，既往不咎。註：本章是孔子見宰我並未告訴哀公如何建社，而將以往各朝種樹的情形相告，乃認為宰我失言，而告訴宰我已成之事不要說，必遂之事不要諫，尤其是既往不必去追咎了。

〔四〕子曰，管仲之器小哉，或曰〔有人問曰〕管仲儉乎，曰〔孔子〕管氏有三歸，官事不攝，焉得儉，然則管仲知禮乎？曰，邦君樹塞門〔指木屏風〕，管氏亦樹塞門，邦君為兩君之好，有反坫，管氏亦有反坫，管氏而知禮，孰不知禮。註：本章是孔子批評管仲為人未能守分且含有功利的意思。

六、不忮不求

〔一〕儀封人請見曰〔指衛國儀邑掌管封疆小官要見孔子，先向隨從孔子的弟子說〕，君子之至於斯也，吾未嘗不得見也，從者見之，出曰，二三子何患於喪乎，天下之無道也，久矣，天將以夫子為木鐸。註：本章是儀封人見天下亂極，希望聖道復興。

〔二〕王孫賈問曰，與其媚於奧〔奧神〕，寧媚於竈〔灶即灶神〕，何謂也，子曰，不然，獲罪於天，無所禱也。註：本章是孔子用天理來折服權臣，也就是萬事勿強求，應尊天理。蓋王孫賈是衛國權臣，他問這兩句，彷彿就是說，你要在衛國做官，求衛君，還不如求我。

肆、里仁篇

一、擇鄰居仁

〔一〕子曰，里仁為美，擇不處仁，焉得知〔智〕。註：本章是孔子教人慎重擇居。

〔二〕子曰，不仁者，不可以久處約〔窮困〕，不可以長處樂〔快樂〕，仁者安仁，知〔智〕者利仁。註：本章是孔子教人不要失去仁的本性。

〔三〕子曰，唯仁者能好人，能惡人。註：本章是孔子說仁人能不偏私，好惡分明。

二、君子志仁

〔一〕子曰，苟志於仁矣，無惡也。註：本章是孔子勉人向善。

〔二〕子曰，富與貴，是人之所欲也，不以其道得之，不處也，貧與賤，是人之所惡也，不以其道得之〔是說雖是不應當得到而竟得到了〕，不去也〔卻也不躲避〕，君子去仁，惡乎成名，君子無終食之間違仁〔終食者應作無一頓飯的頃刻間違仁的道理〕，造次必於是，顛沛必於是。註：本章是孔子論君子求仁的工夫。

〔三〕子曰，我未見好仁者，惡不仁者，好仁者，無以尚之，惡不仁者，其為仁矣，不使不仁者加乎其身，有能一日用其力於仁矣乎，我未見力不足者，蓋有之矣，我未之見也。註：本章是孔子希望人努力仁道，不要自暴自棄。

〔四〕子曰，人之過也，各於其黨〔黨，類別也〕，觀過斯知仁矣。註：本章是孔子說從所犯的過失上可以觀察出人的善惡。

三、禮讓為國

〔一〕子曰，能以禮讓為國乎，何有〔何有即不難的意思〕，不能以禮讓為國，如禮何？〔如禮何，是說只有禮法的外表，也是枉然〕註：本章是孔子說禮讓為治國的根本要義。

〔二〕子曰，不患無位，患所以立，不患莫己知，求為可知也。註：本章是孔子勉人要講求自立的學問，才能在官位發揮才幹，所以他說患所以立，也就是說你得了官位，卻無才能處理事務。

〔三〕子曰，見賢思齊焉，見不賢而自省也。註：本章是孔子教人無論為國論政，或個人私事，均須反求自己，也就是國父孫中山先生說從方寸之地做起。

四、夫子論道

〔一〕子曰，朝聞道，夕死可矣，子曰，士志於道，而恥惡衣惡食者，未足與議也。註：本章是孔子勉人與激發人專心求道。

〔二〕子曰，參乎，吾道一以貫之，曾子曰，唯〔是的〕，子出，門人問曰，何謂也，曾子曰，夫子之道，忠恕而已矣。註：本章是記曾子應對敏捷，用忠恕釋明聖道。

五、事親體親

〔一〕子曰，事父母幾諫，見志不從，又敬不違，勞而不怨。註：本章是孔子教人諫親的道理。

〔二〕子曰，父母在，不遠遊，遊必有方。註：本章是孔子教人要體念親心。

〔三〕子曰，三年無改於父之道，可謂孝矣。〔本章係重出，見學而篇孝弟忠信四〕子曰，父母之年，不可不知也，一則以喜，一則以懼。註：本章是孔子教人及時行孝，否則就會成為子欲養而親不待也。

六、君子處世

〔一〕子曰，君子之於天下也，無適也〔不一定依從誰的主張〕，無莫也〔沒有絕對不可做的〕，義之與比。註：本章是孔子教人做事不要固執。

〔二〕子曰，君子懷德，小人懷土〔安樂〕，君子懷刑〔守法〕，小人懷惠。註：本章是孔子說君子與小人的趣向不同。

〔三〕子曰，放於利而行〔專求利己〕，多怨。註：本章是孔子誡人不可專心向利。

〔四〕子曰，古者言之不出，恥躬之不逮也。子曰，以約失之者鮮矣。子曰，君子訥於言，而敏於行。註：本章是孔子教人，言語要實踐及如何可免過失。

〔五〕子曰，德不孤，必有鄰，子游曰，事君數〔進諫次數〕，斯辱矣，朋友數，斯疏矣。註：本章是孔子勉人進德與子游講解事君交友之道理。

伍、公冶長篇

一、子譽才德

〔一〕子謂公冶長，可妻也，雖在縲絏之中〔註：謂雖被黑索縛在監牢裏〕，非其罪也，以其子〔子女也〕妻之。註：本章是孔子稱許公冶長的品行好。

〔二〕子謂南容〔南容是孔子弟子名縚〕，邦有道不廢〔廢棄不用〕，邦無道，免於刑戮〔不受刑罰〕，以其兄之子妻之。註：本章是孔子稱許南容處世謹慎。

〔三〕子貢問曰，賜也如何？子曰，女〔汝〕器也，曰〔子貢〕何器也，曰〔孔子〕瑚璉也。註：瑚是夏朝的祭器，璉是商朝的祭器，本章是孔子評斷子貢才能的程度。

〔四〕子謂子產，有君子之道四焉，其行己也恭，其事上也敬，其養民也惠，其使民也義。註：子產為鄭國大夫公孫僑，字子產，本章是孔子藉稱讚子產諷示當時執掌國政的人。

〔五〕子曰，晏平仲善與人交，久而敬之。註：本章是孔子讚美晏平仲能得交友的道理。

〔六〕子謂子賤〔孔子弟子宓不齊字子賤〕，君子哉，若人魯無君子者，斯焉取斯。註：本章是孔子稱許子賤能尊賢取友。

二、諸子論仁

〔一〕或曰，雍也，仁而不佞，子曰，焉用佞，禦人以口給，屢憎於人，不知其仁，焉用佞。註：本章是孔子針貶當時巧辯之習尚。

〔二〕孟武伯問子路仁乎，子曰，不知也，又問，子曰，由也，千乘之國，可使治其賦也〔賦兵也〕，不知其仁也。求也〔冉求〕，何如？子曰，求也，千室之邑，百乘之家，可使之為宰也，不知其仁也。赤也〔公西赤，字子華〕，何如？子曰，赤也，束帶立於朝，可使與賓客言也，不知其仁也。註：本章是孔子把仁道看得鄭重，不輕易許可人。

〔三〕子張問曰，令尹子文〔楚國令尹姓門名穀於菟字子文〕三仕為令尹，無喜色，三已之，無慍色，舊令尹之政，必以告新令尹，何如？子曰，忠矣，曰〔子張〕仁矣乎？曰未知焉得仁。註：本章仍是孔子對仁道十分謹慎，不輕易許人。

〔四〕子張又問，崔子弒齊君，陳文子〔齊國大夫〕有馬十乘，棄違之，至於他邦，則曰，猶吾大夫崔子也，違之，之一邦，則又曰，猶吾大夫崔子也，違之，何如？子曰，清矣，曰〔子張〕仁矣乎，曰〔孔子〕未知，焉得仁。註：本章由問答中顯示，孔子仍是對仁道不輕易許人。

（五）子貢曰，我不欲人之加諸我也，吾亦欲無加諸人，子曰（孔子），賜也，非爾所及也。註：本章是孔子告訴子貢，把無我看得太容易，因為這完全是仁的工夫，還不是你所能做得到的。

三、敱談才學

（一）子謂子貢曰，女（汝）與回也，孰愈，對曰，賜也，何敢望回，回也聞一以知十，賜也聞一以知二，子曰，弗如也，吾與女弗如也。註：本章是孔子藉稱許子貢自知不如顏回而勵子貢深造。

（二）宰予晝寢，子曰，朽木不可雕也，糞土之牆不可杇（污）也，於予與何誅，子曰，始吾於人也，聽其言而信其行，今吾於人也，聽其言而觀其行，於予與改是。註：本章是孔子責宰我白晝不該睡眠，以及言不顧行的人。

（三）子使漆雕開仕（漆雕開為孔子弟子，字子若），對曰（漆答）吾斯之未能信，子說（悅）。註：本章是孔子要漆雕開出去做官，漆答其才力還不敢自信。

（四）子曰，道不行，乘桴浮於海，從我者其由與。子路聞之喜，子曰，由也，好勇過我，無所取材（材與裁同古字借用）。註：本章是孔子贊由勇敢固然勝過我，但卻不能裁度事理。

（五）子曰，吾未見剛者，或對曰，申棖（孔子弟子），子曰，棖也慾，焉得剛。註：本章是孔子言申棖嗜慾多，所以不易剛強不屈。

〔六〕子貢曰，夫子之文章，可得而聞也，夫子之言性與天道，不可得而聞也。註：本章是子貢感歎孔子施教有深淺的次序。

〔七〕子貢問曰，孔文子何以謂之文也〔衛國大夫，孔文子怎麼在死後謚做文〕，子曰，敏而好學，不恥下問，是以謂之文也。註：本章是孔子解釋孔文子謚做文的理由，是其勤學好問。

四、知愚明恥

〔一〕子曰，巧言令色，足恭，左丘明恥之，丘亦恥之，匿怨而友其人，左丘明恥之，丘亦恥之。註：本章是孔子警戒人存心要正，不可好詐，尤須明恥。

〔二〕子曰，甯武子〔衛國大夫〕邦有道則知〔聰明〕，邦無道則愚，其知可及也，其愚不可及也。註：本章是孔子稱許寧武子對國家的忠心。

〔三〕子曰，臧文仲居蔡，山節藻梲〔音拙，樑上短柱，是說把山的形像雕刻在柱的斗拱上〕，何如其知〔智〕也。註：本章是孔子譏刺臧文仲愚昧。

五、猶豫礙行

〔一〕季文子三思而後行，子聞之曰，再〔再思〕，斯可矣。註：本章是孔子說多想反而會起私意，想兩次已足夠慎重了。

〔二〕子路有聞，未之能行，唯恐有聞。註：本章是子路唯恐又聽得新的道理，更要來不及奉行，此證明子路是勇於實行的人。

六、諸子言志

〔一〕顏淵季路侍，子曰，盍各言爾志，子路曰，願車馬，衣輕裘，與朋友共，敝之〔用壞了〕而無憾，顏淵曰，願無伐善〔不自誇〕，無施勞〔不張大自己勞績〕，子路曰，願聞子之志，子曰，老者安之，朋友信之，少者懷之。註：本章是諸子表明聖賢公正無私的心態。

七、夫子縱論

〔一〕子在陳曰，歸與歸與，吾黨之小子狂簡〔指志氣高大疏略事故〕，斐然成章，不知所以裁之。註：本章是孔子因見道不能行，感歎想著回魯裁正弟子，傳道後世。

〔二〕子曰，伯夷叔齊，不念舊惡，怨是用希〔稀少〕。註：本章是孔子稱讚伯夷叔齊心胸寬大。

〔三〕子曰，孰謂微生高直〔魯微生高〕，或乞醯〔音西，醋也〕焉，乞諸其鄰而與之。註：本章是孔子辯明微生高無直道。

〔四〕子曰，已矣乎，吾未見能見其過，而內自訟者也〔自責也〕。註：本章是孔子激發人改過的心。

〔五〕十室之邑，必有忠信如丘者焉，不如丘之好學也。註：本章是孔子誘人好學。

陸、雍也篇

一、施財有度

〔一〕子華使於齊，冉子為其母請粟〔米也〕，子曰，與之釜〔計六斗四升〕，請益〔增加一些〕，曰〔孔子〕與之庾〔計十六斗〕，冉子與之粟五秉〔冉子自己給了八十斛米〕，子曰，赤之適齊也，乘肥馬，衣輕裘，吾聞之也，君子周急不繼富，原思為之宰〔原思，孔子弟子，宰指家臣〕，與之粟九百〔祿米九百斗〕，辭〔以為太多不肯受〕，子曰，毋〔不要推卻〕，以與爾鄰里鄉黨乎。註：本章是孔子對用財之裁度義理。

二、編論人才

〔一〕子曰，雍也可使南面〔雍也，孔子弟子冉雍〕，仲弓問子桑伯子，子曰，可也簡，仲弓曰，居敬而行簡，以臨其民，不亦可乎，居簡而行簡，無乃大〔太〕簡乎，子曰，雍之言然。註：本章是論行事簡約，但不能先存有簡約省事的心。

〔二〕哀公問孔子，孰為好學，孔子對曰，有顏回者好學，不遷怒，不貳過，不幸短命死矣，今也則亡，未聞好學者也。註：本章是孔子深許顏回為好學人才，惜早亡。

〔三〕子謂仲弓曰，犁牛之子〔指仲弓父如駁雜的牛〕，騂〔赤色〕且角，雖欲勿用，山川其舍諸。註：本章是孔子說仲弓的父親雖惡，但不能掩去仲弓的賢才。

（四）季康子問仲由，可使從政也與，子曰，由也果（指果斷），於從政乎何有，曰（季康子）賜也，可使從政也，曰（孔子）賜也達，從政乎何有（有什麼不可），曰（季康子）求也（冉求），可使從政也與，曰（孔子）求也藝，於從政乎何有。註：本章是孔子論其弟子各有其不同的才能。

（五）子曰，中人以上，可以語上也，中人以下，不可以語上也。註：本章是孔子論人才須因材施教。

（六）子曰，人之生也直，罔之生也幸而免。註：本章是孔子警戒為人不要罔曲偏私。

（七）子游為武城宰，子曰，女（汝）得人焉爾乎，曰（子游）有澹臺滅明者，行不由徑（不抄捷徑），非公事未嘗至於偃之室也。註：本章是記子游之能識人之品德。

（八）子曰，質勝文則野，文勝質則史，文質彬彬，然後君子。註：本章是孔子論人的文與質須要均衡。

三、與世無爭

（一）季氏使閔子騫為費宰，閔子騫曰，善為我辭焉，如有復我者，則吾必在汶（汶水，齊魯交界之處）上矣。註：本章是記閔子騫不願在權門為臣。

（二）子曰，賢哉回也，一簞食，一瓢飲，在陋巷，人不堪其憂，回也不改其樂，賢哉回也。註：本章是孔子讚顏回能夠安貧樂道。

〔三〕子曰，孟之反〔魯大夫〕不伐〔不誇自己功勞〕，奔而殿〔殿後〕，將入門，策其馬，曰，非敢後也〔兵敗殿後〕，馬不進也。註：本章是孔子讚孟之反有讓德而戒人不要誇功。

四、勵人上進

〔一〕子曰，回也，其心三月不違仁，其餘〔指其他弟子〕，則日月至焉而已矣。註：本章是孔子論弟子學習的程度，並有激勵之意。

〔二〕冉求曰，非不說〔悅〕子之道，力不足也，子曰，力不足者，中道而廢，今女〔汝〕畫〔指自己畫下句點，限止自己前進〕。註：本章是孔子責冉求不肯上進。

〔三〕子謂子夏曰，女〔汝〕為君子儒，無為小人儒。註：本章是孔子勉勵子夏之言。

〔四〕子曰，知之者，不如好之者，好之者，不如樂之者。註：本章是孔子教人求學上進之淺深次序。

〔五〕子曰，君子博學於文，約之以禮，亦可以弗畔矣乎。註：本章是孔子拿簡要層次勉人求學上進。

五、縱論仁知

〔一〕樊遲問知，子曰，務民之義〔指人道〕，敬鬼神而遠之〔不迷惑〕，可謂知矣。問仁〔樊又問〕，曰，仁者先難而後獲，可謂仁矣。註：本章是孔子教人求知求仁的工夫。

〔二〕子曰，知〔智〕者樂水，仁者樂山，知者動，仁者靜，知者樂，仁者壽。註：本章是孔子剖析仁智的性理。

〔三〕宰我問曰，仁者雖告之曰，井有仁焉〔仁作人〕，其從之也〔指下井救人〕，子曰，何為其然也，君子可逝也，不可陷也，可欺也，不可罔也。註：本章是孔子說仁人雖救人心切，不可昧於事理。

〔四〕子貢曰，如有博施於民，而能濟眾，何如？可謂仁乎？子曰，何事於仁，必也聖乎，堯舜其猶病諸，夫仁者，己欲立而立人，己欲達而達人，能近取譬，可謂仁之方也已。註：本章是子貢想從事功方面求仁，不容易做到，孔子教他從心體方面求仁。

六、慨世之言

〔一〕子曰，不有祝鮀〔衛國大夫〕之佞，而有宋朝〔宋國公子朝〕之美，難免於今之世矣。註：本章是孔子感傷當時人心不古，世道險惡之言。

〔二〕子曰，誰能出不由戶，何莫由斯道也〔指不依道理做事〕。註：本章是孔子拿淺近比喻喚醒世人之言。

〔三〕子見南子〔南子為衛國夫人，性淫亂〕，子路不說〔悅〕，夫子矢之曰，予所否者〔指不是處〕，天厭之，天厭之。註：本章是記孔子守禮行權的地方，且證聖人之義正道大。

〔四〕子曰，中庸之為德也，其至矣乎？民鮮久矣。註：本章是孔子慨歎中庸之德性久已不在人間也。

〔五〕伯牛有疾，子問之，自牖執其手，曰，亡之，命矣乎，斯人也，而有斯疾也，斯人也，而有斯疾也。註：本章是孔子感歎伯牛之病，誠為天意也。

柒、述而篇

一、聖人述要

〔一〕子曰，述而不作，信而好古，竊比於老彭〔商朝賢大夫〕。註：本章是孔子對自己著述的謙詞。

〔二〕子曰，默而識之，學而不厭，誨人不倦，何有於我哉。註：本章又是孔子自謙之詞。

〔三〕子曰，德之不修，學之不講，聞義不能徙〔徙，不能遷善〕，不善不能改，是吾憂也。註：本章是孔子說學教要能改過遷善，日新無窮。

〔四〕子曰，志於道，據於德，依於仁，游於藝。註：本章是孔子教人學道修養的層次。

〔五〕子曰，不憤不啟，不悱不發，舉一隅，不以三隅反，則不復也。註：本章是孔子勉勵受教之人要自動用功。

〔六〕子謂顏淵曰，用之則行，舍之則藏，唯我與爾有是夫〔音扶〕。子路曰，子行三軍，則誰與，子曰，暴虎馮河，死而無悔者，吾不與也，必也臨事而懼，好謀而成者也。註：本章是孔子讚許顏子能處世應變，教導子路以義理折衷勇敢。

〔七〕子曰，加我數年，五十以學易，可以無大過矣。註：本章是孔子自述求學心願，尤其是說明易數應以五十為中心，研易要領。

〔八〕陳司敗問昭公〔魯昭公〕知禮乎，孔子曰，知禮，孔子退，揖巫馬期〔孔子弟子〕而進之曰，吾聞君子不黨〔黨者隱惡也〕，君子亦黨乎，君取〔娶也〕於吳〔吳女也〕為同姓，謂之吳孟子，君而知禮，孰不知禮，巫馬期以告，子曰，丘也幸，苟有過，人必知之。註：本章是孔子因了不能承認君上有過失，只好承認自己的過失，足見聖人盛德之心十分高尚。

〔九〕子曰，文莫吾猶人也〔是說關於闡述他〔孔子〕還能比得上別人〕，躬行君子，則吾未之有得。註：本章是孔子闡述力行的不容易。

〔十〕子曰，奢則不孫〔順也〕，儉則固，與其不孫，寧固。註：本章是孔子論奢儉若失中道，則奢的害處更大。

二、謙謙處世

〔一〕互鄉〔互鄉為魯國不良之域〕難與言，童子見，門人惑，子曰，人潔己以進，與其潔也，不保其往也，與其進也，不與其退也，唯何甚。註：本章是孔子待人處世的寬大。

（二）子與人歌而善（即聽別人的歌唱得好），必使反之（請他再歌一遍），而後和之。註：本章是記孔子不掠美，不盲從。

（三）子曰，若聖與仁，則吾豈敢，抑為之不厭，誨人不倦，則可謂云爾已矣（指不厭不倦，還可以說），公西華曰，正唯弟子不能學也。註：本章是孔子自謙，但終掩不住實際已是聖仁。

（四）子疾病，子路請禱，子曰，有諸（指有此事麼），子路對曰，有之，誄曰，禱爾於上下神祇，子曰，丘之禱久矣。註：本章是孔子說平日隨時省察改過，不在乎一時之祈禱，也就是俗語說，平時不燒香，急時抱佛腳又有何用啊。

（五）子溫而厲（即態度溫和中帶著嚴肅），威而不猛，恭而安。註：本章是記孔子的容貌。

（六）子之所慎，齊（齋），戰，疾。註：本章是記孔子關係交通神明的齋戒，和關係著將士的生死與國家存亡的戰爭，以及關係著本身生死存亡的疾病是最謹慎的三件事。

三、聖賢之心

（一）冉有曰，夫子為衛君乎，子貢曰，吾將問之，入曰，伯夷叔齊何人也（請問怎樣），曰（孔子）古之賢人也。曰（子貢）夫子不為也（指不幫助衛君）。註：本章是顯現聖賢對是非之公心。

（二）葉公問孔子於子路（楚國葉縣縣尹僭稱葉公，向子路問孔子為人如何），子路不對〔即不答〕，子曰〔孔子〕女〔汝〕奚不曰，其為人也，發憤忘食，樂以忘憂，不知老之將至云爾。註：本章是孔子自謙其和平常人一樣，不過僅好學而已。

〔三〕子曰，天生德於予，桓魋〔為宋大夫，圖加害孔子〕其如予何。註：本章是孔子持心自信桓魋能把我怎樣。

〔四〕子曰，二三子〔指眾弟子〕以我為隱乎，吾無隱乎爾，吾無行而不與二三子者，是丘也〔是孔子誨人的本心也〕。註：本章是孔子表明大道為公之聖賢心也。

〔五〕子曰，聖人吾不得而見之矣〔指神明莫測之聖人〕，得見君子者斯可矣，子曰，善人吾不得而見之矣，得見有恆者斯可矣，亡〔無也〕而為有，虛而為盈，約而為泰，難乎有恆矣。註：本章是孔子說有恆為進入聖道基礎。

四、仁民愛物

〔一〕子釣而不網，弋不射宿。註：本章是記孔子仁愛之心。

〔二〕子曰，仁乎遠哉，我欲仁，斯仁至矣。註：本章是孔子說求仁不難，只要肯求則至。

〔三〕子食於有喪者之側，未嘗飽也，子於是日哭，則不歌。註：本章是記孔子對哀喪之至情，亦顯示其仁民之至性。

五、清虛澹泊

〔一〕子之燕居，申申如也，夭夭如也。註：本章是記孔子容態舒適，神色愉悅的閒居情形。

〔二〕子曰，甚矣，吾衰也，久矣，吾不復夢見周公。註：本章是孔子自感身體衰老。

〔三〕子曰，富而可求也，雖執鞭之士〔指馬夫〕，吾亦為之，如不可求，從吾所好。註：本章是孔子誡人不要貪心求富。

〔四〕子曰，君子坦蕩蕩，小人常戚戚。註：本章是孔子論君子與小人的心境不同之處。

〔五〕子在齊聞韶〔韶樂，舜所作〕，三月不知肉味，曰〔孔子〕不圖為樂之至於斯也。註：本章是孔子醉心韶樂，對人間美味也不在乎的澹泊心境。

〔六〕子曰，飯疏食，飲水，曲肱而枕之，樂亦在其中矣，不義而富且貴，於我如浮雲。註：本章是記孔子守道樂貧的澹泊心境。

六、夫子言教

〔一〕子曰，四教，文、行、忠、信。註：本章是孔子以學習文藝，修治品行，心存忠厚，做事信實為施教綱要。

〔二〕子曰，自行束修以上，吾未嘗無誨焉。註：本章是孔子自白，凡來求學之人，即使祇備了極少的束修作見面禮，他也沒有不教他的。

〔三〕子所雅言，詩書執禮，皆雅言也。註：本章是記孔子教人要讀詩讀書習禮。

〔四〕子不語怪力亂神。註：本章是孔子教人不要聽信悖離正義而怪異的鬼神之論，以匡正理。

〔五〕子曰，三人行必有我師焉，擇其善者而從之，其不善者而改之。註：本章是孔子教人隨處都可求進步，即好人壞人都有驚醒之處。

〔六〕子曰，蓋有不知而作之者，我無是也，多聞擇其善者而從之，多見而識之，知之次也。註：本章是孔子教人求知的方法。

〔七〕子曰，我非生而知之者，古敏以求之者也。註：本章是孔子說自己是好考古努力研究求知，以勉勵人要用心求學。

捌、泰伯篇

一、子讚君德

〔一〕子曰，泰伯其可謂至德也已矣〔泰伯為周太王之長子〕，三以天下讓，民無得而稱焉。註：本章是孔子讚泰伯之盛德。

〔二〕子曰，巍巍乎〔崇高〕，舜禹之有天下也，而不與焉〔即不以帝位當做尊榮，也不關心富貴〕。註：本章是孔子讚舜禹完全是聖人器量。

〔三〕子曰，大哉堯之為君也，巍巍乎，唯天為大，唯堯則之，蕩蕩乎〔廣遠〕，民無能名焉，巍巍乎，其有成功也，煥乎，其有文章〔文章指禮樂制度〕。註：本章是孔子盛讚唐堯君道，比舜禹更大。

〔四〕舜有臣五人，而天下治，武王曰，予有亂臣〔指賢臣〕十人，孔子曰，才難，不其然乎，唐虞之際，於斯為盛，有婦人焉，九人而已〔說十人中有一婦人〕，三分天下有其二，以服事殷，周之德，其可謂至德也已矣。註：本章是孔子論人才難得，並讚周德的深厚。

〔五〕子曰，禹，吾無閒然矣〔指找不到指摘〕，菲飲食，而致孝乎鬼神〔指孝敬祖宗〕，惡衣服，而致美黻冕〔指華美衣帽〕，卑宮室，而盡力乎溝洫〔指預防水患〕，禹，吾無閒然矣。註：本章是孔子讚夏禹的君德，無可非議矣。

二、無禮莫為

〔一〕子曰，恭而無禮則勞，慎而無禮則葸，勇而無禮則亂，直而無禮則絞〔絞，急也〕。註：本章是孔子教人處世都得循禮而行。

〔二〕君子篤於親，則民興於仁，故舊不遺，則民不偷〔偷者刻薄也〕。註：本章是孔子說君上與人民都要遵禮而行。

〔三〕子曰，興於詩，立於禮，成於樂。註：本章雖是教人求學的順序，但仍以禮為中心。

三、曾子言道

〔一〕曾子有疾，召門弟子曰，啟予足，啟予手，詩云，戰戰兢兢，如臨深淵，如履薄冰，而今而後，吾知免夫，小子。註：本章是曾子在病中有保身重要，而教誨弟子，保全身健要以詩經所云如臨深淵，如履薄冰，要時時小心。

〔二〕曾子有疾，孟敬子問之〔孟敬子為魯國大夫來慰問〕，曾子言曰，鳥之將死，其鳴也哀，人之將死，其言也善，君子所貴乎道者三，動容貌，斯遠暴慢矣，正顏色，斯近信矣，出辭氣，斯遠鄙倍矣，籩豆之事，則有司存。註：本章是曾子勸告孟敬子凡事應重大體，故示君子之道以勵之。

〔三〕曾子曰，以能問於不能，以多問於寡，有若無，實若虛，犯而不校〔計較〕，昔者吾友〔指顏回〕嘗從事於斯矣。註：本章是曾子追思顏子，其主旨乃教人不要自傲才氣，將自己能知能力者去問不能之人，要知言教均有忌焉。

四、責節知分

〔一〕曾子曰，可以託六尺之孤，可以寄百里之命，臨大節而不可奪也，君子人與，君子人也。註：本章是曾子期望人臣不但須有才能，尤要有節操。

〔二〕曾子曰，士不可不弘毅，任重而道遠，仁以為己任，不亦重乎，死而後已，不亦遠乎。註：本章是曾子拿弘毅以勉勵士人。

〔三〕子曰，狂而不直，侗而不愿〔指無知識之人不知謹厚〕，悾悾而不信，吾不知之矣。註：本章是孔子歎息失去本性的人，所以說吾不知之矣。

〔四〕子曰，不在其位，不謀其政。註：本章是孔子警戒人凡事要知本分。

五、仁知之論

〔一〕子曰，民可使由之，不可使知之。註：本章是孔子對治理民智不齊的國家，是無法使他們知道當然的義理的一種權宜的說法。

〔二〕子曰，好勇疾貧，亂也，人而不仁，疾之已甚，亂也。註：本章是孔子指出作亂的由來，教人以仁來止亂。

〔三〕子曰，如有周公之才之美，使驕且吝，其餘不足觀也已。註：本章是孔子警戒人即使具有才智，但若自恃才高且又吝鄙，仍是不可取也。

六、廣論進學

〔一〕子曰，三年學，不至於穀〔指想到做官〕，不易得也。註：本章是孔子感歎專心求學的人不可多得，尤其是不想到做官求祿上去更是不易。

〔二〕子曰，篤信好學，守死善道，危邦不入，亂邦不居，天下有道則見〔現〕，無道則隱，邦有道，貧且賤焉〔指是因無學問的人才〕，恥也，邦無道，富且貴焉〔指是因不守節義而獲得〕，恥也。註：本章是孔子教人要有力學守節知恥知病。

〔三〕子曰，學如不及，猶恐失之。註：本章是孔子勉勵人求學不能有些微懈怠，要時時刻刻恐怕會失去的心情。

〔四〕子曰，師摯之始，關雎之亂〔指把關雎之詩定為樂歌〕，洋洋乎，盈耳哉。註：本章是孔子感歎師摯掌樂之情形。

玖、子罕篇

一、謙信之詞

〔一〕達巷〔魯國地名〕黨人曰，大哉孔子，博學而無所成名，子聞之，謂門弟子曰，吾何執，執射乎，吾執御矣。註：本章乃孔子聽到別人稱譽，自己謙虛之言，執御者駕車也。

〔二〕子畏於匡〔註：孔子面貌似陽虎，因匡邑人受了陽虎大害，錯把孔子當陽虎，所以孔子到匡邑甚具戒心〕，曰〔孔子〕文王既沒，文不在茲乎，天之將喪斯文也，後死者不得與於斯文也，天之未喪斯文也，匡人其如予何？註：本章是孔子抱道自信之言。

〔三〕子曰，吾有知乎哉，無知也〔知識也〕，有鄙夫問於我，空空如也〔指無內容〕，我叩其兩端而竭焉。〔即自動詢問其事之兩極的道理，再詳盡告訴他。〕註：本章非但是孔子自謙知識淺薄，且顯其傳道之誠心。

二、聖道深遠

〔一〕大〔泰〕宰問於子貢曰，夫子聖者與，何其多能也，子貢曰，固天縱之將聖，又多能也，子聞之曰〔孔子〕，大宰知我乎，吾少也賤，故多能鄙事，君子多乎哉，不多也，牢曰〔孔子弟子琴牢〕子云，吾不試〔不為世所用也〕，故藝。註：本章是記太宰不知聖，子貢知聖，孔子不曰聖，只曰居多能，卻又不把多能以為可貴。

〔二〕顏淵喟然歎曰，仰之彌高〔指夫子之道無窮盡，仰望越是高遠〕，鑽之彌堅，瞻之在前，忽焉在後，夫子循循然善誘人，博我以文，約我以禮，欲罷不能，既竭吾才，如有所立卓爾〔卓然立在面前〕，雖欲從之，末由也已。註：本章是顏子感歎聖道之高深。

〔三〕子曰，衣敝縕袍〔破舊棉袍〕與衣狐貉者立，而不知恥者，其由〔仲由〕也與，不忮不求，何用不藏，子路終身誦之，子曰，是道也，何足以臧〔好也〕。註：本章是孔子先讚子路，惟恐子路自滿，故言何足以臧激勵之。

〔四〕子曰，可與共學，未可與適道，可與適道，未可與立，可與立，未可與權。註：本章是孔子訓人進學知適與立道的辨別以及權衡輕重的義理。

〔五〕唐棣〔扶移也，王天恨註為郁李〕之華，偏其反而〔指搖動有感的樣子〕，豈不爾思，室是而遠，子曰，未之思也，夫何遠之有。註：本章是孔子引逸詩〔唐棣之句〕比喻仁道不遠，完全在人自己去求得。

〔六〕子罕言利，與命與仁。註：本章是孔子所言之利，必須連帶談到天命和仁道。

三、慨嘆之言

〔一〕子曰，吾未見好德如好色者也。註：本章是孔子歎息世人不誠心好德之詞。

〔二〕子曰，鳳鳥不至，河不出圖〔指河圖〕，吾已矣夫。註：本章是孔子感歎自己的道不得行，所以發出吾已矣夫之言。

〔三〕子在川上曰（孔子站在河邊），逝者如斯夫，不舍晝夜。註：本章是孔子指出道體的本原，如天地間的事剛過去，未來的又來了。

〔四〕子謂顏淵曰，惜乎，吾見其進也，未見其止也。註：本章是孔子追惜顏子的死而更加痛念。

〔五〕子曰，語之而不惰者，其回也與。註：本章是孔子追念顏子能立即努力對學問之研究實踐。

〔六〕子曰，吾自衛反魯，然後樂正，雅頌各得各所。註：本章是說魯國禮樂已殘缺不全，以及待到他多方所得資料參考互訂，才能使樂回歸正途之感言。

四、夫子雅誨

〔一〕子疾病，子路使門人為臣（指為家臣為孔子辦後事），病閒曰（孔子）久矣哉，由之行詐也，無臣而為有臣，吾誰欺，欺天乎，且予與其死於臣之手也，無寧死於二三子之手乎，且予縱不得大葬，予死於道路乎。註：本章是孔子對身後之事嚴斥子路不得越禮。（指不得大葬行君臣之禮。）

〔二〕子絕四（指四種心理）毋意，毋必，毋固，毋我。註：本章是記孔子處世的大公無私。

〔三〕子曰，出則事公卿，入則事父兄，喪事不敢不勉（勉盡喪禮），不為酒困，何有於我哉。註：本章是孔子對忠孝二事自勉同時也是勉人。

〔四〕子曰，法語之言〔規過之言〕，能無從乎，改之為貴，巽與之言〔謙遜也〕，能無說乎，繹之為貴〔說出頭緒和意義〕，說而不繹，從而不改，吾末如之何也已矣。註：本章是孔子勸凡聽從規過之人要受到實益。

〔五〕子曰，主忠信，毋友不如己者，過則勿憚改。〔本章重出且遺一半〕子曰，三軍可奪帥也，匹夫不可奪志也。註：本章是孔子勉人要立志，不懼艱難。

〔六〕子曰，歲寒，然後知松柏之後彫也。註：本章是孔子激勵做人要有如松柏之節操。

〔七〕子曰，知者不惑，仁者不憂，勇者不懼。註：本章是孔子教人要勤習三達德，進入學識的最高境界。

五、適時作為

〔一〕子曰，譬如為山，未成一簣〔竹箕〕，止，吾止也，譬如平地，雖覆一簣〔指一箕土〕，進，吾往也。註：本章是孔子教人無論做何事，要做一半就停止或繼續作去，都在自己手裡。要知天下事都得自強不息。

〔二〕子曰，後生可畏，焉知來者之不如今也，四十五十而無聞焉，斯亦不足畏也已。註：本章是孔子勉勵青年努力上進，不得閒白了少年頭，空悲切。

〔三〕子曰，苗而不秀者，有矣夫，秀而不實者，有矣夫。註：本章是孔子教人不要如五穀不開花，或開而不結果，勵人要努力求得效果。

六、仁者處世

（一）子見齊（音咨）衰者，冕衣裳者，與瞽者，見之雖少必作，過之必趨（趨其前）。註：本章是孔子對人的謙恭仁孝誠敬之心。

（二）子貢曰，有美玉於斯，韞匵而藏諸（放在箱子裡），求善賈而沽諸（好價賣去）。子曰，沽之哉，沽之哉，我待賈者也。註：本章是孔子用子貢之言表明自己之處世，絕不因自賤而求官，所以言我待賈者也。

（三）子欲居九夷（夷堤地方），或曰（有人說），如之何（指不能住），子曰，君子之居，何陋之有。註：本章是孔子認為住蠻方有如乘桴浮海一樣。

（四）子曰，麻冕，禮也，今也純（純指絲線）儉（指比麻儉省），吾從眾，拜下，禮也，今拜乎上（拜堂上），泰也（顯得太驕慢），吾從下（依古禮拜堂上）。註：本章是記孔子處世至為圓通，祇要不害義即從俗。

拾、鄉黨篇

一、善侍宗廟

（一）孔子於鄉黨，恂恂如也，似不能言者，其在宗廟朝廷，便便言（詳細說明），唯謹爾。註：本章是孔子處宗廟朝廷之言貌。

（二）朝，與下大夫言，侃侃如也，與上大夫言，誾誾（和順的樣子）如也，君在，踧踖〔不安的樣子〕如也，與之如也。註：本章是記孔子在朝廷事上接下的言貌。

〔三〕鄉人飲酒，杖者出〔散席老人先走〕，斯出矣。鄉人儺〔祭鬼神〕，朝服而立於阼階。註：本章記孔子居鄰的態度。

〔四〕入公門，鞠躬如也，如不容〔指容身〕，立不中門，行不履閾〔門檻〕，過位，色勃如也，足躩如也，其言似不足者，攝齊〔音咨〕升堂，鞠躬如也，屏氣似不息者，出，降一等，逞顏色，怡怡如也，沒階趨進，翼如也，復其位，踧踖如也。註：本章是記孔子上朝下朝的恭敬謹慎之情。

二、誠敬迎賓

〔一〕君召使擯〔國君召孔子接待賓客〕，色勃如也，足躩如也，揖所與立，左右手，衣前後，襜如也，趨進，翼如也〔兩手端拱如鳥展翼〕，必復命曰，賓不顧矣。註：本章是記孔子招待賓客時的恭敬謹慎。

三、綜言禮制

〔一〕執圭，鞠躬如也，如不勝，上如揖，下如授，勃如戰色，足蹜蹜〔不敢放大腳步〕，如有循，享禮有容色，私覿，愉愉如也。註：本章是記孔子出使鄰國時的禮容。

〔二〕君子不以紺緅〔紅青色〕飾，紅紫不以為褻服，當暑袗絺綌〔指葛布〕必表而出之，緇衣羔裘，素衣麑裘，黃衣狐裘，褻裘長，短右袂，狐貉之厚以居，去喪無所不佩，非帷裳，必殺之〔必須上窄下闊〕，羔裘玄冠不以吊，吉月必朝服而朝。

註：本章是記孔子的衣服禮制。

〔三〕席不正不坐。註：本章是記孔子對坐席慎重之禮。

四、齋戒飲食

〔一〕齊〔齋〕必有明衣，布〔指浴衣〕必有寢衣，長一身有半，齊〔齋〕必變食〔絕葷酒〕，居必遷坐。註：本章是記孔子齋戒時的恭敬謹慎。

〔二〕食不厭精，膾不厭細，食饐〔變味〕而餲，魚餒〔爛〕而肉敗，不食，色惡不食，臭惡不食，失飪不食，不時不食，割不正不食，不得其醬不食，肉雖多，不使勝食氣，惟酒無量不及亂，沽酒市脯不食，不撤薑食，不多食，祭於公，不宿肉，祭肉，不出三日，出三日，不食之矣，食不語，寢不言，雖疏食菜羹瓜祭，必齊如也。

註：本章是記孔子飲食之節制。

五、交際交友

〔一〕問人於他邦〔孔子託人問候他邦朋友〕，再拜而送之。康子〔季康子〕饋藥，拜而受之，曰，丘未達〔指不明藥理〕，不敢嘗。註：本章是記孔子對人交際的誠意。

〔二〕入大廟，每事問，朋友死，無所歸〔指無人殯葬〕，曰，於我殯〔指孔子負責殯葬〕，朋友之饋，雖車馬，非祭肉，不拜。註：本章記孔子對交朋友的重義氣。

六、舉止咸誼

〔一〕廄焚，子退朝，曰，傷人乎，不問馬。註：本章記孔子重人命，愛物為次。

〔二〕君賜食，必正席先嘗之，君賜腥，必熟而薦之〔祭祖先〕，君賜生，必畜之，侍食於君，君祭先飯，疾，君視之，東首，加朝服拖紳，君命召，不俟駕行矣。註：本章是記孔子對國君的敬重和禮節。

〔三〕寢不尸〔不仰臥〕，居不容〔不故意裝飾儀容〕，見齊衰者，雖狎必變，見冕者與瞽者，雖褻必以貌，凶服者式之，式負版者，有盛饌，必變色而作，迅雷風烈必變。註：本章是記孔子對事物之處理均皆和宜，且處之誠敬。

〔四〕升車必正立執綏，車中不內顧，不疾言，不親指。註：本章是記孔子非但講求禮節，即在車上也有規律。

〔五〕色斯舉矣，翔而後集，曰，山梁雌雉，時哉時哉，子路共〔拱〕之，三嗅而作。註：本章是記孔子教人識時務，見機而作。

拾壹、先進篇

一、禮樂辨識

進。註：本章是孔子就時人對禮樂的論調，而決定自己從古制。

（一）子曰，先進於禮樂，野人也，後進於禮樂，君子也，如用之，則吾從先

二、子評子才

（一）子曰，從我於陳蔡者，皆不及門也（指已都不在孔子門下了）。德行，顏淵，閔子騫，冉伯牛，仲弓。言語，宰我，子貢。政事，冉有，季路。文學，子游，子夏。註：本章是孔子追思在陳蔡共患難之弟子。

（二）子貢問師與商也孰賢（指子張和子夏），子曰，師也過，商也不及，曰（子貢），然則師愈與，子曰，過猶不及。註：本章是孔子說子張太好高，子夏則不及，指明學道者要以中庸為主。

（三）柴也愚（高柴），參也魯（曾參），師也辟（顓孫師，辟，輕浮），由也喭（仲由，喭，粗俗）。註：本章是孔子說出以上四子的短處，是希望他們變化氣質。

（四）季子然（季氏弟子）問仲由冉求，可謂大臣與，子曰，吾以子為異之問（指非常人之問），曾由與求之問，所謂大臣者，以道事君，不可則止，今由與求也，可謂具臣矣，曰（季子），然則從之者與（指遇事都順從），子曰，弒父與君，亦不從也。註：本章是孔子評其弟子仲由冉求有為臣之才，同時亦指出對權臣的嚴正態度。

（五）子路使子羔為費宰（費邑宰官），子曰，賊夫人之子（指會害人子弟），子路曰，有民人焉（有人民可治理），有社稷焉（有鬼神可奉祀），何必讀書，然後

為學，子曰，是故惡夫佞者。註：本章是記孔子注重求實學，並責子路輕妄。

（六）子曰，孝哉閔子騫，人不閒於其父母昆弟之言。註：本章是孔子讚許閔子騫的純孝。

（七）南容三復白圭（指南容每天反復吟誦白圭詩三遍，白圭詩說：「白圭有了污點，還可磨去，一句話說錯了，便不能挽救。」），孔子以其兄之子妻之（指孔子以其兄之女嫁給他）。註：本章是記孔子獎取南容為謹言慎行之人才。

（八）子曰，回也其庶乎，屢空（常貧困），賜（端木賜）不受命而貨殖焉（去做生意），億則屢中（指才高能料中事理）。註：本章是孔子說子貢不如顏子能安貧樂道，同時也說子貢仍有他的長處。

三、論治邦國

（一）子路，曾皙，冉有，公西華侍坐，子曰，以吾一日長乎爾（年長），吾以也（不要因年長而拘束），居則曰，不吾知也，如或知爾，則何以哉，子路率爾而對曰，千乘之國，攝乎大國之間，加之以師旅，因之以饑饉，由也為之，比及三年，可使有勇，且知方也，夫子哂之（微笑），求爾何如（詢冉有），對曰，方六七十，如五六十（指地方），求也為之，比及三年，可使足民，如其禮樂，以俟君子。赤爾如何（指公西華），對曰，非曰能之，願學焉，宗廟之事（指祭祀），如會同（指兩國君相會時），端章甫，願為小相焉。點爾如何（指曾皙），鼓瑟希（間歇）鏗爾，舍瑟而作，對曰，異乎三子者之撰（撰指才具），子曰（孔子）何傷乎，亦各言其志也。曰〔曾皙〕，莫〔暮〕春者，春服既成，冠者五六人〔冠禮〕，童子六七人，浴乎沂，風乎無雩，詠而歸。夫子喟然歎曰，吾與點〔曾點〕也，三子者出，曾皙後，曾皙曰，夫三子之言何如，子曰，亦各言其志也已矣。曰〔曾皙〕夫子何哂由也，曰〔孔子〕，為國以禮，其言不讓，是故哂之，唯求則非邦也與，安見方六七十，為五六十，而非邦也者，唯赤則非邦也與，宗廟會同，非諸侯而何，赤也為之小，孰能為之大。註：本章是孔子說出志向，誘勵上述四子都能成為濟世大才。

四、子悼顏回

〔一〕子曰，回也，非助我者，於吾言無所不說。註：本章是孔子讚顏子悟道敏捷。

〔二〕季康子問弟子，孰為好學，孔子對曰，有顏回者好學，不幸短命死矣，今也則亡〔指現在已無〕。註：本章是孔子悲歎顏淵夭亡以激勵弟子。

〔三〕顏淵死，顏路〔淵父〕請子之車以為之槨〔賣車買槨〕，子曰，才不才，亦各言其子也，鯉〔孔子之子〕也死，有棺而無槨，吾不徒行以為之槨，以吾從大夫之後，不可徒行也。註：本章是記孔子對顏子之喪葬必須和禮義相稱。

〔四〕顏淵死，子曰，噫，天喪予，天喪予。註：本章是記孔子痛悼聖道已失去可傳的人。

〔五〕顏淵死，子哭之慟，從者曰，子慟矣，曰，有慟乎，非夫〔音扶〕人之為慟，而誰為。註：本章是記孔子對顏子之死而感聖道無傳，深感哀痛。

〔六〕顏淵死，門人欲厚葬之，子曰，不可，門人厚葬之，子曰，回也，視予猶父也，予不得視猶子也，非我也，夫二三子也。註：本章是孔子愛人必和禮義相稱，不可越禮。

〔七〕子畏於匡〔匡邑〕，顏淵後〔失散〕，子曰，吾以女〔汝〕為死矣，曰，子在，回何敢死。註：本章是記顏子對孔子恩義兼盡，非尋常師弟之可比。特記於本節之後。

五、琢育英才

〔一〕閔子侍側，誾誾〔和順〕如也，子路行行〔剛強〕如也，冉有，子貢，侃侃如也，子樂若由也，不得其死然。註：本章是記孔子各弟子之儀能表現，並證諸孔子把教育英才引為樂事。

〔二〕季路問事鬼神，子曰，未能事人，焉能事鬼，敢問死〔子路〕，曰〔孔子〕未知生，焉知死。註：本章是孔子教子路做人必須研究實學，何必問生問死與鬼神也。

〔三〕子曰，論篤是與，君子者乎，色莊者乎。註：本章是孔子教人不要因他言論篤實，或故意莊重其容色，就認是好人或君子，也就是說不能拿言貌取人。

〔四〕子路問聞斯行諸，子曰，父兄在，如之何其聞斯行之〔指不能聽到就去做〕。冉有問聞斯行諸〔指合乎義理〕，子曰，聞斯行之。公西華曰，由也問聞斯行諸，子曰，有父兄在，求也問聞斯行諸，子曰，聞斯行之，赤也惑，敢問。子曰，求也退〔指遲緩畏縮〕，故進之〔鼓勵〕，由也兼人〔剛強好勇〕，故退之。註：本章是記孔子琢育弟子乃是因才施教。

〔五〕子曰，由之瑟〔仲由鼓瑟〕，奚為於丘之門，門人不敬子路，子曰，由也升堂矣〔指仲由學問已到正大高明的境地，好比已上到廳堂〕，未入於室也。註：本章是孔子規戒子路，同時又表明子路的長處，藉以勉勵後學。

〔六〕子張問善人之道，子曰，不踐迹〔因為人性善，自然不作惡，不一定要依聖人路線走〕，亦不入於室〔但由於不學，就不能進到精微深奧的境地〕。註：本章是孔子論善行的道行以勵弟子之上進。

六、憎惡奢污

〔一〕魯人為長府〔指改造貨財府庫〕，閔子騫曰，仍舊貫〔依舊規定〕，如之何，何必改作，子曰，夫〔音扶〕人不言，言必有中。註：本章是孔子稱許閔子騫說話不離正道，同時也證明孔子同意閔子之言，以免奢侈。

〔二〕季氏富於周公，而求也為之聚斂，而附益之，子曰，非吾徒也，小子鳴鼓而攻之可也。註：本章是孔子嚴斥冉子幫助季氏搜括錢財，並間接警戒季子。

拾貳、顏淵篇

一、諸子問仁

（一）顏淵問仁，子曰，克己復禮為仁，一日克己復禮，天下歸仁焉，為仁由己，而由人乎哉，顏淵曰，請問其目〔指條目〕，子曰，非禮勿視，非禮勿聽，非禮勿言，非禮勿動。顏淵曰，回雖不敏，請事斯語矣。註：本章是孔子教顏子為仁的大綱和條目。

（二）仲弓問仁，子曰，出門如見大賓，使民如承大祭，己所不欲，勿施於人，在邦無怨，在家無怨。仲弓曰，雍雖不敏，請事斯語矣。註：本章是孔子教仲弓，心存敬恕，在修養上下功夫。

（三）司馬牛問仁，子曰，仁者其言也訒，曰，其言也訒，斯謂之仁矣乎，子曰，為之難，言之得而無訒乎。註：本章是孔子因司馬牛多言性躁，所以拿一訒字教之。

（四）樊遲問仁，子曰，愛人，問知〔樊遲又問〕，子曰，知人，樊遲未達，子曰，舉直錯諸枉，能使枉者直。樊遲退，見子夏曰，鄉也〔曩也〕吾見於夫子而問知，子曰，舉直錯諸枉，能使枉者直，何謂也。子夏曰，富哉言乎，舜有天下，選於眾，舉皋陶，不仁者遠矣。湯有天下，選於眾，舉伊尹，不仁者遠矣。註：本章是孔子說仁智有相互關係，智能成仁，再經子夏以舜、湯舉才為政以證，其意義更加明顯矣。

二、子釋君子

〔一〕司馬牛問君子，子曰，君子不憂不懼，曰〔司馬牛〕，不憂不懼，斯謂之君子矣乎，子曰，內省不疚，夫何憂何懼。註：本章是孔子因司馬牛憂其兄桓魋作亂，所以教他用坦蕩心襟，造就君子境地。

〔二〕司馬牛憂曰，人皆有兄弟，我獨亡，子夏曰，商聞之矣，死生有命，富貴在天，君子敬而無失，與人恭而有禮，四海之內，皆兄弟也，君子何患乎無兄弟也。註：本章是子夏勸司馬牛自修德行，以為君子，感化兄弟。

〔三〕棘子成〔衛國大夫〕曰，君子質而已矣，何以文為，子貢曰，惜乎，夫子之說君子也，駟不及舌〔即一言既出，駟馬難追〕，文猶質也，質猶文也，虎豹之鞹〔皮也〕，猶犬羊之鞹。註：本章是子貢矯正棘子成的偏激言論。

〔四〕子曰，君子成人之美，不成人之惡，小人反是。註：本章是孔子說明君子小人不同之處。

三、公子問政

〔一〕齊景公問政於孔子，孔子對曰，君君，臣臣，父父，子子。公曰，善哉，信如君不君，臣不臣，父不父，子不子，雖有粟〔指俸祿〕，吾得而食諸〔不能安食〕。註：本章是孔子因景公失政，君臣父子間都不在正道上，所以要景公修明人倫。

〔二〕子張問政，子曰，居之無倦，行之以忠。註：本章是孔子教子張誠心為政的道理，即不懈怠，守公忠。

〔三〕季康子問政於孔子，如殺無道，以就有道，何如，孔子對曰，子為政，焉用殺，子欲善而民善矣，君子之德風，小人之德草，草上之風必偃。註：本章是孔子拿養機遏止殺機，要季康子施行德政。

〔四〕子貢問政，子曰，足食足兵，民信之矣，子貢曰，必不得已而去，於斯三者何先？曰，去兵，子貢曰，必不得已而去，於斯二者何先？曰，去食，自古皆有死，民無信不立。註：本章是孔子把正當的政事告訴子貢，並告訴子貢應變的道理。

〔五〕季康子問政於孔子，孔子對曰，政者正也，子帥以正，孰敢不正。註：本章是孔子教季康子治國要先端正自己。

〔六〕哀公問於有若曰，年饑用不足，如之何，有若對曰，盍徹乎〔通法十徵其二稅謂之徹〕，曰〔哀公〕，吾猶不足，如之何其徹也，對曰〔有若〕，百姓足，君孰與不足，百姓不足，君孰與足。註：本章是有若說富國的方法，應先使百姓富足，才是為政之根本。

四、崇德辨惑

〔一〕子張問崇德辨惑，子曰，主忠信，徙義〔遷從義〕崇德也，愛之欲其生，惡之欲其死，既欲其生，又欲其死，是惑也。註：本章是孔子將近理切己的工夫教導子張。

〔二〕樊遲從遊於舞雩之下〔祭壇之下也〕，曰，敢問崇德，脩慝，辨惑，子曰，善哉問，先事後得〔即先耕耘，後言收獲〕，非崇德與，攻其惡，無攻人之惡，非脩慝與，一朝之忿，忘其身以及其親，非辨惑與。註：本章是孔子說明心性上的修養工夫。

五、剖析明達

（一）子張問明，子曰，浸潤之譖（說人壞話），膚受之愬（愬危懼也），不行焉，可謂明也已矣，浸潤之譖，膚受之愬，不行焉，可謂遠也已矣。註：本章因子張務外好高，容易被人情所惑，所以特以同樣語言重復以答，使子張有所警戒。

（二）子張問士，何如，斯可謂之達矣，子曰，何哉，爾所謂達者，子張對曰，在邦必聞，在家必聞，子曰，是聞也，非達也，夫達也者，質直而好義，察言而觀色，慮以下人，在邦必達，在家必達，夫聞也者，色取仁而行違，居之不疑，在邦必聞，在家必聞。註：本章是孔子辨明聞和達的相似及不同之處。

六、息訟防盜

（一）子曰，片言可以折獄者（說少許話即可斷明訟獄，使人信服），其由也與（指仲由可也），子路無宿諾（即答應別人的事，當天即做）。註：本章是孔子稱許子路平日能事理了然，取信於人而言片言折獄。

（二）子曰，聽訟，吾猶人也，必也使無訟。註：本章是孔子說他雖然在訴訟上還能及得別人，但仍以能感化人民，使人親愛不爭，故言無訟。

七、善全友道

（一）子貢問友，子曰，忠告（讀古）而善道之，不可則止，毋自辱焉。註：本章是孔子教子貢對朋友忠告適可而止。

（二）曾子曰，君子以文會友，以友輔仁。註：本章是曾子說明朋友要互相輔助以增進德行。

拾參、子路篇

一、縱談為政

（一）子路問政，子曰，先之勞之（自己先做榜樣），請益，曰（孔子），無倦。註：本章是孔子教子路凡事要以身作則，並要持久。

（二）仲弓為季氏宰，問政，子曰，先有司，赦小過，舉賢才，曰（仲弓），焉知賢才而舉之，曰（孔子），舉爾所知，爾所不知，人其舍（捨也）諸。註：本章是孔子教仲弓處事要從大體著想，才能知人舉才。

（三）子路曰，衛君待子（孔子）而為政，子將奚先（先從何做起），子曰，必先正名，子路曰，有是哉，子之迂也，奚其正，子曰，野哉由也（野指粗野），君子於其所不知，蓋闕如也（大都先放在一邊），名不正，則言不順，言不順，則事不成，事不成，則禮樂不興，禮樂不興，則刑罰不中，刑罰不中，則民無所措手足，故君子，名之必可言也，言之必可行也，君子於其言，無所苟而已矣（指苟且遷就）。註：本章是孔子說明從政必先正名，才能堂堂正正施為。

發為兄弟。

〔四〕子曰，魯衛之政，兄弟也。註：本章是孔子歎息魯衛兩國當時的衰亂而

〔五〕子曰，其身正，不令而行，其身不正，雖令不從。註：本章是孔子針砭當時為政者只知規定法令，自身卻不守法令，實值今日台澎金馬為政者之警惕矣。

〔六〕子曰，善人為邦百年，亦可以勝殘去殺矣〔指可以把殘暴之人化為好人而去刑罰殺人〕，誠哉是言也。註：本章是孔子說善人治國的功效，足見聖人治國就不僅如此矣。

〔七〕子曰，如有王者，必世而後仁〔世，一世三十年〕。註：本章是說即使王者也不能求近效。

〔八〕子曰，茍正其身矣，於從政乎何有，不能正其身，如正人何。註：本章是孔子要在上從政之人要先正己身，然後纔正人身。

〔九〕冉子退朝，子曰，何晏也〔晚也〕，對曰，有政，子曰，其事也，如有政，雖不吾以，吾其與聞之。註：本章是孔子因冉子做過季氏家臣，孔子反對季氏專權，所以說有什麼新的國政，他願聽聞。

〔十〕葉公問政，子曰，近者說〔悅〕，遠者來。註：本章是孔子說為政要得民心。

〔十一〕子夏為莒父〔父音甫，莒甫為地名〕宰，問政，子曰，無欲速，無見小利，欲速則不達，見小利則大事不成。註：本章是孔子教子夏施政要有遠大眼光，

不能恣意求速而圖小利。

〔十二〕子曰，苟有用我者朞月〔一年〕已可也，三年有成。註：本章是孔子自許為政效驗。

二、樊遲請益

〔一〕樊遲請學稼，子曰，吾不如老農，請學為圃，曰〔孔子〕吾不如老圃，樊遲出，子曰，小人哉〔指志向小〕，樊須也〔即樊遲〕，上好禮，則民莫敢不敬，上好義，則民莫敢不服，上好信，則民莫敢不用情，夫〔音扶〕如是，則四方之民，襁負其子而至矣，焉用稼。註：本章是孔子以禮義信的話來開導樊遲。

〔二〕樊遲問仁，子曰，居處恭，執事敬，與人忠，雖之夷狄，不可棄也。註：本章是孔子教樊遲求仁要在日常行事上行之。

三、謹言慎行

〔一〕定公問一言而可以興邦，有諸，孔子對曰，言不可以若是其幾也〔指未必可以期待如此大的效力〕，人之言曰，為君難，為臣不易，如知為君之難也，不幾乎一言而興邦乎〔指如國君知事之難為，事事謹慎，則幾幾乎一言便可使國家興盛〕。曰〔定公〕一言而喪邦，有諸，孔子對曰，言不可以若是其幾也，人之言曰，予無樂乎為君，唯其言而莫予違也，如其善而莫之違也，不亦善乎，如不善而莫之違也〔指不善無人反抗〕，不幾乎一言而喪邦乎。註：本章是孔子說國家興亡完全繫於國君之心對於政事是在謹言慎行之上，絕對不可放肆而為。

四、廣言才難

（一）子曰，誦詩三百，授之以政，不達，使於四方，不能專對，雖多亦奚以為。註：本章是孔子說讀詩（即求學）要有心得，又能實用。

（二）子曰，不得中行而與之，必也狂狷乎，狂者進取，狷者有所不為也。註：本章是孔子因不能得到適當的人才傳道，故想到從次一等的人才中求而發出「狂狷」之言。

（三）子曰，南人有言曰，人而無恆，不可以作巫醫，善夫，不恆其德，或承之羞，子曰，不占而已矣。註：本章是孔子警戒人無論德行或事業都須有持久不懈的信心。

（四）子貢問曰，鄉人皆好之，何如，子曰，未可也，鄉人皆惡之，何如，子曰，未可也，不如鄉人之善者好之，其不善者惡之。註：本章是孔子說取人要看他同類的善惡如何，以說明人才難分難求也。

五、富庶箴言

（一）子謂衛公子荊，善居室，始有，曰，苟合矣，少有，曰，苟完矣，富有，曰，苟美矣。註：本章是孔子讚公子荊知足，並有暗諷在位之人亦應知足。

（二）子適衛，冉有僕（替孔子駕車），子曰，庶矣哉，冉有曰，既庶矣，又何加焉（指加以何種治理），曰（孔子），富之，曰（冉有），既富矣，又何加焉，曰（孔子），教之。註：本章是孔子因衛國人民眾多，故答冉有，除富之以外，必須教之，才是治理正途。

六、為士之道

（一）子貢問曰，何如，斯可謂之士矣，子曰，行己有恥，使於四方，不辱君，可謂士矣，曰，敢問其次，曰（孔子），宗族稱孝焉，鄉黨稱弟焉，曰（子貢），敢問其次，曰（孔子），言必信，行必果，硜硜然（堅固），小人哉，抑亦可以為次矣，曰（子貢），今之從政者何如，子曰，斗筲之人（量小也），何足算也。註：本章是孔子藉子貢問士乃以篤實事理教導子貢。

（二）子路問曰，何如，斯可謂之士矣，子曰，切切偲偲（相互勉勵），怡怡如也，可謂士矣，朋友切切偲偲，兄弟怡怡。註：本章是孔子教子路修養中和的德行。

七、君子小人

（一）子曰，君子和而不同，小人同而不和。註：本章是孔子說君子小人與人相交的分別處。

（二）子曰，君子易事而難說（悅）也，說之不以道，不說也，及其使人也，器之（指才幹），小人難事而易說（悅）也，說之雖不以道，說也，及其使人也，求備焉。註：本章是孔子說君子子小人存心待人的不同，並有教人知人取人之意。

（三）君子泰而不驕，小人驕而不泰。註：本章是孔子說君子小人氣度的不同。

八、仁孝言兵

（一）子曰，剛、毅、木、訥，近仁。註：本章是孔子列舉剛強、堅毅、質樸、遲鈍四種資質近乎仁的情形。

〔二〕葉公語孔子曰，吾黨有直躬者，其父攘羊〔即其父偷了人家的羊〕，而子證之，孔子曰，吾黨之直者異於是，父為子隱，子為父隱，直在其中矣。註：本章是孔子和葉公辯直道，其用意乃在正人倫，並非隱惡。

〔三〕子曰，善人教民七年，亦可以即戎矣。註：本章是孔子說養兵先要以孝弟忠信務農講武教化人民，使其知道為國效命的大義。

〔四〕子曰，以不教民戰，是謂棄之。註：本章是孔子說把未經教化的人民去作戰，等於教他去送死，一定敗亡，故警戒勿輕易用兵。

拾肆、憲問篇

一、憲問恥仁〔原思名憲〕

〔一〕憲問恥，子曰，邦有道穀〔穀指俸祿〕，邦無道穀，恥也。註：本章是孔子指一般為官之人無論是邦有道或無道，毫無建樹，祇知道按時領俸祿，為可恥的事，以勉勵原思要有守有為。

〔二〕克伐怨欲〔即好勝、矜誇、怨恨、貪欲〕，不行焉〔即能控制不發生〕，可以為仁矣，子曰，可以為難矣，仁，則吾不知也。註：本章是孔子說僅是抑制私欲一端，仍不能盡仁的道理，所以說難矣。

〔三〕子曰，君子恥其言，而過其行。註：本章是孔子勉人謹言，也就是說君子說話總覺得羞恥而不敢盡量闊談。

二、處世有道

〔一〕子曰，邦有道，危言危行〔即可發高遠言論與高遠的行事〕，邦無道，危行言孫〔孫，卑順也〕。註：本章是孔子教人處世方法。

〔二〕子曰，貧而無怨難，富而無驕易。註：本章是孔子勉勵世人不要陷溺於貧富的境遇裏。

〔三〕子曰，愛之能勿勞乎，忠焉能勿誨乎。註：本章是孔子提示愛惜兒子不要一味姑息，忠心君上不能一味順從而不規諫，是為愛子忠君的準則。

〔四〕子曰，賢者辟世〔辟，避也〕，其次辟地，其次辟色，其次辟言。註：本章是孔子說君子若遇天下無道，要辨識以上所言，見機行事。

〔五〕子曰，作者七人矣。註：本章是孔子慨歎魯國世道衰微，棄官隱去的已有七個人了。

〔六〕子曰，不患人之不己知，患其不能也。註：本章是孔子教求學處世要自己努力，不要怕人不知自己之辛勞。

三、暢談仁德

〔一〕子曰，有德必有言〔言指口才〕，有言者不必有德，仁者必有勇，勇者不必有仁（不必作未必講）。註：本章是孔子說有本的必有末，有末者未必有本。

（二）子曰，君子而不仁者，有矣夫，未有小人而仁者也。註：本章是孔子勉勵君子而警戒小人。

（三）子路曰，桓公殺公子糾，召忽死之，管仲不死，曰，未仁乎，子曰，桓公九合諸侯，不以兵車，管仲之力也，如其仁（有誰及得他合於仁道的事功），如其仁。註：本章是孔子表明管仲雖不是仁人，但人民卻受到他的利澤，就是仁人也不過為此也。

（四）或曰（有人問孔子），以德報怨，何如，子曰，何以報德，以直報怨，以德報德。註：本章是孔子說對人的報施要恩怨分明，厚薄適當，所以他說以大公無私的直道去處理仇怨。

（五）子曰，君子德者三，我無能焉，仁者不憂，知（智）者不惑，勇者不懼，子貢曰，夫子自道也。註：本章是孔子自謙學識不足，而子貢特說明是夫子之自道也。

（六）子曰，驥不稱其力，稱其德也。註：本章是孔子譬喻重德不重才。

四、知人善任

（一）公叔文子之臣，大夫僎（僎，大夫之名），與文子同升諸公，子聞之曰，可以為文矣。註：本章是孔子稱許公叔文子知人荐賢的美德。

（二）子言衛靈公之無道也，康子（季康子）曰，夫如是，奚而不喪（指亡國），孔子曰，仲叔圉治賓客，祝鮀治宗廟，王孫賈治軍旅，夫如是，奚其喪。註：本章是孔子說衛國不亡，是由知人善任的功效。

（三）蘧伯玉使人於孔子（衛國大夫蘧伯玉派人問候孔子），孔子與之座而問焉，曰（孔子）夫子何為（指蘧大夫），對曰，夫子欲寡其過，而未能也（沒做到），使者出，子曰，使乎，使乎（好一個使者）。註：本章是說蘧大夫用人得當，而孔子又稱讚使者能知道君子的心志。

（四）子曰，為命，裨諶草創之，世叔討論之，行人子羽修飾之，東里子產潤色之。註：本章是孔子稱讚鄭國知人善任，尤對外行使公文都經草創、討論、修飾與辭藻之潤色，可說十分恰當。

五、無怨無尤

（一）或問子產，子曰，惠人也，問子西（楚大夫西），曰（孔子），彼哉彼哉（他麼他麼沒什麼可取），問管仲，曰（孔子），人也（這個人）奪伯氏駢邑三百（駢邑地名，三百指戶數），飯疏食，沒齒無怨言。註：本章是孔子除對上三大夫的至公無私批評之外，尤其是說明伯氏知道自己的罪過又心服管仲的功勞，故雖僅能獲得粗飯淡菜，也終身沒有怨言。

（二）子曰，莫我知也夫，子貢曰，何為其莫知子也，子曰，不怨天，不尤人，下學而上達，知我者其天乎。註：本章是孔子自述修為要下功夫，不要怨天尤人。

六、功高品尊

（一）子貢曰，管仲非仁者與，桓公殺公子糾，不能死（指他不願死），又相之〔反輔相桓公〕，子曰，管仲相桓公，霸諸侯〔為諸侯之長〕，一匡天下，民到於今受其賜，微管仲〔如果沒有管仲〕，吾其被〔披〕髮左衽矣〔指成為野人〕，豈若匹夫匹婦之為諒也，自經於溝瀆〔自經自縊也〕，而莫之知也。註：本章是孔子稱許管仲不拘小節而立下大功。

〔二〕南宮适問於孔子曰，羿善射，奡〔音傲〕盪舟，俱不得其死然，禹稷躬稼，而有天下，夫子不答，南宮出，子曰，君子哉若人，尚德哉若人。註：本章是孔子讚南宮适所問之人皆君子尚德者，同時亦讚南宮适品高心正。

七、完美人格

〔一〕子路問成人，子曰，若臧武仲〔魯大夫〕之知，公綽之不欲〔無私欲〕，卞莊子之勇，冉求之藝，文之以禮樂，亦可以為成人矣，曰〔孔子〕，今之成人者，何必然，見利思義，見危授命，久要不忘平生之言〔即言而有信，不拘久遠〕，亦可以為成人矣。註：本章是孔子具體說明一種完全的人格，即使次一等的，如本章後段所言亦可。

〔二〕子曰，古之學者為己，今之學者為人。註：本章是孔子分別古今求學觀念之不同，但都是為求得知識，幫助他人，達成善美之人格。

八、君臣大義

〔一〕陳成子弒簡公〔陳成子為齊國大夫〕，孔子沐浴而朝，告於哀公曰〔魯哀公〕，陳恆〔即成子〕弒其君，請討之，公曰〔哀公〕，告夫三子〔即孫氏三個大夫〕，孔子曰，以吾從大夫之後，不敢不告也，君曰告夫三子者，之三子告，不可〔即不出兵〕，孔子曰，以吾從大夫之後，不敢不告也。註：本章是孔子為了君臣大義，故主張正名伐罪，因未獲三大夫之同意，但亦達成正名伐罪之心志。

〔二〕子路問事君，子曰，勿欺也，而犯之〔犯之，即進諫要據理力爭〕。註：本章是孔子因子路的為人還做不到諫諍，所以先要做到不欺。

〔三〕子曰，不在其位，不謀其政〔此兩句重出〕，曾子曰，君子思不出其位。註：本章是曾子據易經艮卦象辭說君子的本來地位，以勉勵凡君子不能放肆，凡事都要守份，尤其君臣更須守禮。

九、立己立人

〔一〕子曰，君子上達，小人下達。註：本章是孔子說明君子的道德是一天天向上進步，小人的人格會一天天退步，是從精神上來分別君子與小人。

〔二〕微生畝謂孔子曰，丘何為是栖栖者與〔指忙忙碌碌〕，無乃為佞乎，孔子曰，非敢為佞也，疾固也〔指世人固執要說明白而已〕。註：本章是孔子憂世之人深切表示以求立人之願。

〔三〕子路問君子，子曰，修己以敬，曰〔子路〕如斯而已乎，曰〔孔子〕，修己以安人，曰〔子路〕，如斯而已乎，曰〔孔子〕，修己以安百姓，修己以安百姓，堯舜其猶病諸。註：本章是孔子說敬為聖學的主要，所以說以安百姓，即使堯舜亦難完全辦到。

〔四〕子曰，不逆詐，不億不信，抑亦先覺者，是賢乎。註：本章是孔子教人要心地光明，不要事事懷疑他人。

〔五〕子曰，士而懷居，不足以為士矣。註：本章是孔子說士人要有高遠的志趨，不能只圖安居自樂。

〔六〕闕黨〔為地名〕童子將命，或問之曰，益者與，子曰，吾見其居於位也〔坐成人座位〕，見其與先生並行也，非求益者也，欲速成者也。註：本章是孔子因童子不知禮，特教他習禮以達立人之旨。

十、知禮知命

〔一〕公伯寮愬〔愬，訴也〕子路於季孫，子服景伯〔魯大夫〕以告曰，夫子固有惑於公伯寮，吾力猶能肆諸市朝，子曰，道之將行也與，命也，道之將廢也與，命也，公伯寮其如命何。註：本章是孔子表示凡事要守命自安。

〔二〕子張曰，書云，高宗諒陰〔諒陰，凶廬也，即商王武丁居喪守孝也〕，三年不言，何謂也，子曰，何必高宗，古之人皆然，君薨，百官總己以聽於冢宰，三年。註：本章是孔子解釋三年不言的疑問。

〔三〕子曰，上好禮，則民易使也。註：本章是孔子說在上位的人要自己先知禮為民做榜樣。

〔四〕原壤〔孔子老友〕夷俟，子曰，幼而不孫弟，長而無述焉，老而不死，是為賊，以杖叩其脛。註：本章是孔子把原壤的放誕看做異端，因其既不知做小輩的道理，到老仍無件可以稱許的事故，以其為破壞禮義之賊，加以警戒。

十一、譏諷之言

〔一〕子路宿於石門，晨門〔管門小吏〕曰，奚自，子路曰，自孔氏，曰〔小吏〕，是知其不可而為之者與。註：本章是記晨門小吏譏諷孔子，然益顯孔子看天下事無不可為者矣。

〔二〕子擊沁磬於衛，有荷笙蕢〔蕢，草籠也〕而過孔氏之門者，曰〔指過門者〕，有心哉，擊磬乎，既而曰，鄙哉，硜乎，莫己知也，斯已而已矣•深則厲〔詩經上說，遇到深水的地方，和衣過去〕，淺則揭，子曰，果哉，未之難矣。註：本章是荷蕢譏諷孔子，而孔子自表不忍忘卻天下。

十二、子評德行

〔一〕子曰，孟公綽為趙魏老則優，不可以為滕薛大夫。註：本章是孔子批評孟公綽廉靜而才短。

〔二〕子問公叔文子於公明賈曰，信乎，夫子不言不笑不取乎，公明賈對曰，以告者過也，夫子時然後言，人不厭其言，樂然後笑，人不厭其笑，義然後取，人不厭其取，子曰，其然，豈其然乎。註：本章是孔子對所傳公叔文子的為人疑而不信，並疑公明賈也是過甚其詞。

〔三〕子曰，臧武仲以防求為後於魯〔臧武仲據守防邑，請魯君立個後代〕，雖曰不要君〔不挾魯君〕，吾不信也。註：本章是孔子誅武仲要挾國君的罪。

（四）子曰，晉文公譎而不正，齊桓公正而不譎。註：本章是孔子指出桓、文二公的心術不同，亦即德行有異。

（五）子曰，其言之不怍，則為之也難。註：本章是孔子教人要謹言慎行以修德行。

（六）子貢方人（指與人比長短），子曰，賜也賢乎哉，夫我則不暇（指無閒管別人的事）。註：本章是孔子責子貢不該妄論別人長短。

拾伍、衛靈公篇

一、窮困不悔

（一）衛靈公問陳（陣也）於孔子，孔子對曰，俎豆之事，則嘗聞之矣，軍旅之事，未之學也，明日遂行，在陳絕糧，從者病，莫能興（起立也），子路慍見曰，君子亦有窮乎，子曰，君子固窮，小人窮斯濫矣（謂小人不顧一切而為非作歹）。註：本章是孔子說出知之則知之，不知為不知，而行事則以當行則行，不懼窮困。

（二）子曰，君子謀道不謀食，耕也，餒（音哪，饑餓也）在其中矣，學也，祿在其中矣，君子憂道不憂貧。註：本章是孔子勉勵人盡力求道，不因饑餓貧窮所困。

二、因勢施教

〔一〕子曰，賜也，女〔汝〕以予為多學而識之者與，對曰〔子貢〕，然，非與，曰〔孔子〕，非也，予一以貫之。註：本章是孔子自謙其並非學多識廣，祇說一本大道來貫通事理以教子貢知道學的根本。

〔二〕子曰，吾嘗終日不食，終夜不寢，以思無益，不如學也。註：本章是孔子警戒人不能只思不學。

〔三〕子曰，有教無類。註：本章是孔子說大道為公，要隨勢造就人才。

三、行之至理

〔一〕子張問行，子曰，言忠信，行篤敬，雖蠻貊之邦行矣，言不忠信，行不篤敬，雖州里行乎哉，立〔謂時刻不忘〕，則見其參於前也，在輿〔車上〕，則見其倚於衡也，夫然後行，子張書諸紳〔把話寫在大帶子上〕。註：本章是孔子教子張要心存誠敬，纔能行無不利。

〔二〕子曰，眾惡之，必察焉，眾好之，必察焉。註：本章是孔子教人行事，須審察究竟之後而行。

四、言談技巧

〔一〕子曰，可與言，而不與之言，失人，不可與言，而與之言，失言，知者不失人，亦不失言。註：本章是孔子說與人接談，先要知人。

〔二〕子曰，巧言亂德，小不忍，則亂大謀。註：本章是孔子教人謹慎言詞，並要求要有忍耐工夫。

〔三〕子曰，辭，達而已矣。註：本章是孔子說文章是在求達意而已。

五、忠於邦國

〔一〕子曰，直哉史魚〔指史官魚鰌〕，邦有道如矢〔指任職如矢之快〕，邦無道如矢。君子哉蘧伯玉，邦有道則仕，邦無道卷而懷之。註：魚鰌蘧伯玉均為衛國的兩位賢臣，孔子稱讚他們的為國之道。

〔二〕子曰，事君敬其事，而後其食。註：本章是孔子指示人臣要用心任事。

〔三〕顏淵問為邦，子曰，行夏之時，乘殷之輅，服周之冕，樂則韶舞，放鄭聲，遠佞人，鄭聲淫，佞人殆。註：本章是孔子教顏子忠於邦國的大法。

六、仁智至論

〔一〕子曰，志士仁人，無求生以害人，有殺身以成仁。註：本章是孔子勉勵做人要保全心德。

〔二〕子貢問為仁，子曰，工欲善其事，必先利其器，居是邦也，事其大夫之賢者，友其士之仁者。註：本章是孔子教子貢要想求仁必先自己要先了解方法，也就是近賢才而有仁心的人。

〔三〕子曰，知〔智〕及之，仁不能守之，雖得之，必失之。知及之，仁能守之，不莊以蒞之，則民不敬。知及之，仁能守之，莊以蒞之，動之不以禮，未善也。註：本章是孔子教人內外本末修德的全部工夫所在。

〔四〕子曰，民之於仁也，甚於水火，水火，吾見蹈而死者矣，未見蹈仁而死者也。註：本章是孔子譬喻仁道在人的重要，應如蹈水火之遂之。

〔五〕子曰，當仁不讓於師。註：本章是孔子勉勵人為仁道時，在作為自己責任的時候，雖面對師長，也不必推謙。

〔六〕師冕見〔魯國瞎眼樂師名冕〕，及階，子曰，階也，及席，子曰，席也，皆坐，子告之曰，某在斯，某在斯，師冕出，子張問曰，與，師言之道與，子曰，然，固相師之道也。註：本章是記孔子對待殘疾人的仁道也。

七、立身處世

〔一〕子曰，躬自厚，而薄責於人，則遠怨矣。註：本章是孔子教人處世之道。

〔二〕子曰，人無遠慮，必有近憂。註：本章是孔子警戒為人處事要設想周到，以避悔吝。

〔三〕子曰，不曰如之何，如之何者，吾未如之何也已矣。註：本章是孔子警戒人不要任意妄行，所以說不曰如之何，吾未如之何也已矣，就是他也沒辦法拿他怎樣。

〔四〕子曰，群居終日，言不及義，好行小慧，難矣哉。註：本章是孔子教人與人相處，對於小聰明之輩，如與之講做人的大道理是很難的。

〔五〕子貢問曰，有一言而可以終身行之者乎，子曰，其恕乎，己所不欲，勿施於人。註：本章是孔子拿恕道教子貢，要他推己及物以處世。

〔六〕子曰，人能弘道，非道弘人。註：本章是孔子說人能開拓光大道體，不是道體能助長人的偉大。

〔七〕子曰，過而不改，是謂過矣。註：本章是孔子勉人要知過改過。

〔八〕子曰，道不同，不相為謀。註：本章是孔子說與人共事，要知道有不同，不必互相計較。

八、細說君子

〔一〕子曰，君子義以為質，禮以行之，孫〔遜〕以出之，信以成之，君子哉。註：本章是孔子說君子行事的完善。

〔二〕子曰，君子病無能焉，不病人之不己知也。註：本章是孔子再表明君子之為人，只憾自己學識不夠，而不憾別人不知道自己有真學問。

〔三〕子曰，君子疾沒世〔怕死後〕而名不稱焉。註：本章是孔子勉人要力求上進，不要在世上空白無聞。

〔四〕子曰，君子求諸己，小人求諸人。註：本章是孔子說明君子小人用心的不同處。

〔五〕君子矜而不爭，群而不黨。註：本章是孔子說君子不乖僻，不徇私。

〔六〕子曰，君子不以言舉人，不以人廢言。註：本章是孔子說君子不因人話講得對，就會貿然推荐，或因為一個人的行為不正，就連他一句有道理的話也都抹煞掉，是說君子心地公正而持平。

〔七〕君子不可小知，而可大受也，小人不可大受，而可小知也。註：本章是孔子教人知人善任的方法。

〔八〕子曰，君子貞而不諒。註：本章是孔子說君子不固執，只依正理。

九、毀譽之辨

〔一〕子曰，由，知德者鮮矣。註：本章是孔子再勉子路在才德上用功。

〔二〕子曰，無為而治，其舜也與，夫何為哉，恭己正南面而已矣。註：本章是孔子稱讚虞舜治天下的盛德。

〔三〕子曰，吾之於人也，誰毀誰譽，如有譽者，其有所試矣，斯民也，三代之所以直道而行也。註：本章是孔子說現在〔指當時〕的人，仍是夏商周三代用直道教養下來，會依直道行事，他不可隨便批評。

十、唏噓之語

〔一〕子曰，吾猶及史之闕文也，有馬者，借人乘之，今亡已矣。註：本章是孔子傷悼人心越加偷薄。

〔二〕子曰，已矣乎，吾未見好德如好色者也。註：本章是孔子慨嘆好德者竟然沒有。

〔三〕子曰，臧文仲其竊位者與，知柳下惠之賢而不與立也。註：本章是孔子說臧文仲盜得職位後，明知柳下惠有賢才而不舉荐，實為可惜。

拾陸、季氏篇

一、大義安邦

〔一〕季氏將伐顓臾〔魯附庸小國〕，冉有季路見於孔子曰，季氏將有事於顓臾，孔子曰，求〔指冉有〕，無乃爾是過與，夫顓臾，昔者先王以為東蒙主，且在邦域之中矣，是社稷之臣也，何以伐為。冉有曰，夫子欲之〔指季氏〕，吾二臣者〔指家臣〕皆不欲也，孔子曰，求〔指冉有〕，周任〔古史官〕有言曰，陳力就列〔盡力陳說大義，打消不當行動〕，不能者止，危而不持，顛而不扶，則將焉用彼相矣，且爾言過矣，虎兕出於柙，龜玉毀於櫝中，是誰之過與。冉有曰，今夫顓臾，固而近於費，今不取，後世必為子孫憂。孔子曰，求，君子疾夫，舍曰欲之〔指君子最恨有意避去自己的貪欲〕，而必為之辭，丘也聞有國有家者，不患寡而患不均，不患貧而患不安，蓋均無貧，和無寡，安無傾，夫如是，故遠人不服，則修文德以來之〔修德以感化〕，既來之，則安之，今由與求也〔指季路與冉有〕，相夫子〔輔相季氏〕，遠人不服，而不能來也，邦分崩離析，而不能守也，而謀動干戈於邦內，吾恐季孫之憂，不在顓臾，而在蕭牆之內也。註：本章是孔子對冉有季路說明季氏欲伐顓臾，恐將為害自己故曰而在蕭牆之內也，同時也在想用大義阻止權臣伐國的陰謀。

二、天下大勢

〔一〕孔子曰，天下有道，則禮樂征伐〔指禮樂制度和征伐號令〕，自天子出

〔由天子作主〕，天下無道，則禮樂征伐，自諸侯出。自諸侯出，蓋十世希不失矣〔指國家最多再傳十代，很少不被滅亡〕，自大夫出，五世希不失矣，陪臣執國命〔指大夫的家臣），三世希不失矣，天下有道，則政不在大夫，天下有道，則庶人不議。註：本章是孔子通論天下治理之大要。

（二）孔子曰，祿之去公室（指爵祿不在魯國公室授受），五世矣，政逮於大夫（指政權落入大夫之手），四世矣，故夫三桓之子孫微矣（三桓指季氏、孟氏、叔氏三家）。註：本章是孔子拿事實證明前一章的話，警惕魯國的權臣。

三、損益之論

（一）孔子曰，益者三友，損者三友，友直，友諒，友多聞，益矣。友便辟（指兩面奉承者），友善柔（指獻媚工夫好者），友便佞，損矣。註：本章是孔子教人要謹慎擇友。

（二）孔子曰，益者三樂（指愛好），損者三樂，樂節禮樂（指愛好禮法和音樂），樂道人之善，樂多賢友，益矣，樂驕樂（指奢淫之樂），樂佚遊（指遊蕩），樂宴樂（指偷安逸樂），損矣。註：本章是孔子教人對愛好之選擇。

四、君子三愼

（一）孔子曰，侍於君子有三愆（指陪侍君子有三種容易犯的過錯），言未及之而言，謂之躁，言及之而不言，謂之隱，未見面色而言，謂之瞽。註：本章是孔子教人說話要看時候，當言則言，不當言則隱。

（二）孔子曰，君子有三戒，少之時，血氣未定，戒之在色，及其壯也，血氣方剛，戒之在鬥，及其老也，血氣既衰，戒之在得〔指貪得〕。註：本章是孔子教人須適時制欲。

（三）孔子曰，君子有三畏，畏天命〔正理〕，畏大人〔指有德位者〕，畏聖人之言〔指聖人所說的話〕，小人不知天命，而不畏也，狎大人〔指看輕〕，侮聖人之言。註：本章是孔子要人學君子三畏，而知小人之恥。

五、智慧等第

（一）孔子曰，生而知之者，上也，學而知之者，次也，困而學之者，又其次也，困而不學，民斯為下矣。註：本章是孔子分析人的氣質不同，約分四等。

六、廣論審察

（一）孔子曰，君子有九思，視思明，聽思聰，色思溫，貌思恭，言思忠，事思敬，疑思問，忿思難，見得思義。註：本章是孔子教人要隨處都有自我省察工夫。

（二）孔子曰，見善如不及〔指趕不上〕，見不善如探湯，吾見其人矣，吾聞其語矣，隱居以求其志，行義以達其道，吾聞其語矣，未見其人也。註：本章是孔子希望人能省察善與不善而實現平生的大道，而成為德業兼全的人才。

七、節義之別

（一）齊景公有馬千駟〔四千匹〕，死之曰，民無德而稱焉〔人民認為他沒有德行可稱道的〕，伯夷叔齊，餓於首陽之下，民到於今稱之，誠不以富，亦祇以異，其斯之謂與。註：本章是孔子勉人要知節義修養德行，因伯夷叔齊寧餓死於首陽山上而不變節。

八、教無偏私

（一）陳亢問於伯魚（孔子兒子）曰，子亦有異聞乎（指孔子有特別教誨否），對曰（伯魚），未也，嘗獨立，鯉（即伯魚）趨而過庭，曰（孔子），學詩乎，對曰，未也。不學詩，無以言。鯉退而學詩。他日又獨立（孔子一人站在廳上），鯉趨而過庭，曰（孔子），學禮乎（學習禮記）。對曰，未也。不學禮，無以立。鯉退而學禮。聞斯二者（伯魚說僅這兩點）。陳亢退而喜曰，問一得三，聞詩聞禮，又聞君子之遠其子也（指孔子對兒子無偏愛）。註：本章是說明孔子誨人毫無偏私且指出做人的基本原則在學禮學詩（即詩經禮記）。

九、稱謂正名

（一）邦君之妻，君稱之，曰，夫人。夫人自稱，曰小童。邦人稱之，曰君夫人。稱諸異邦，曰寡小君。異邦人稱之，亦曰君夫人。註：本章是孔子傳述古制對人之稱謂。

拾柒、陽貨篇

一、陽貨諫諍

（一）陽貨（季氏家臣，名虎）欲見孔子，孔子不見，歸（作饋）孔子豚，孔子時其亡也（孔子趁陽貨外出），而往拜之，遇諸塗（途），謂孔子曰，來，予與爾言，曰（陽貨）懷其寶而迷其邦，可謂仁乎。曰（孔子）不可，好從事而亟（亟，屢次）失時。可謂知（智）乎（陽貨）。曰（孔子）不可。日月逝矣，歲不我與（陽貨）。孔子曰，諾，吾將仕矣。註：本章是記孔子與陽貨交談，陽貨藉機諫孔子進仕。

二、性牽智愚

（一）子曰，性相近也，習相遠也。註：本章是孔子說人之善惡由於人為，而天性都差不多，但因習俗關係會變得很遠。

（二）子曰，唯上知（智）與下愚，不移。註：本章是孔子續前一章，舉出兩種人的性情氣質不易改移。

三、仁有五要

（一）子張問仁於孔子，孔子曰，能行五者於天下，為之仁矣。請問之（子張）。曰（孔子），恭、寬、信、敏、惠，恭則不侮，寬則得眾，信則人任焉，敏則有功，惠則足以使人。註：本章是孔子指示子張為仁的真實功夫。

四、家臣相邀

（一）公山弗（季氏家臣）擾以費畔（佔據費邑背叛），召（派人請孔子），子欲往，子路不說（悅）曰，末之也已，何必公山氏之之也，子曰，夫召我者，而豈徒哉〔白來一趟〕，如有用我者，吾其為東周乎〔指復興周道〕。註：本章是記孔子想復興周道。

〔二〕佛〔音弼〕肸〔音夕〕〔晉大夫家臣〕召，子欲往，子路曰，昔者由也，聞諸夫子曰，親於其身為不善者，君子不入也，佛肸以中牟畔〔佔中牟背叛〕，子之往也，如之何。子曰，然，有是言也，不曰堅乎〔指堅硬的東西〕，磨而不磷，不曰白乎，涅而不緇〔染黑〕，吾豈匏瓜也哉，焉能繫而不食。註：本章是孔子說用世有經有權，不是常法所能拘滯，是說佛肸雖為不善但仍可教之為善。

五、為學要義

〔一〕子曰，由也，女〔汝〕聞六言六蔽矣乎。對曰〔子路〕，未也。吾語女〔汝〕，好仁不好學，其蔽也愚，好知〔智〕不好學，其蔽也蕩，好信不好學，其蔽也賊，好直不好學，其蔽也絞，好勇不好學，其蔽也亂，好剛不好學，其蔽也狂。註：本章是孔子因子路勇於為善，要他好學明理。

〔二〕子曰，小子何莫學夫詩，詩，可以興，可以觀，可以群，可以怨，邇之事父，遠之事君，多識於鳥獸草木之名。註：本章是孔子教弟子學詩之益處。

〔三〕子謂伯魚曰，女〔汝〕為周南召南矣乎〔即二篇詩〕，人而不為周南召南，其猶正牆面而立也與。註：本章是孔子教伯魚學習周南召南以達修身齊家之目的。

六、太息世風

〔一〕子曰，禮云禮云，玉帛云乎哉〔指送禮物也〕，樂云樂云，鐘鼓云乎哉

〔指敲鐘打鼓〕。註：本章是孔子慨嘆當時之禮樂已失意義。

〔二〕子曰，古之民有三疾〔不好的脾氣〕，今也或是之亡也〔更加厲害〕，古之狂也肆〔不拘小節〕，今之狂也蕩〔全然無禮〕，古之矜也廉〔持守太嚴〕，今之矜也忿戾〔相爭〕，古之愚也直，今之愚也詐而已矣。註：本章是孔子慨嘆當時的世風衰敗。

七、德賊德疾

〔一〕子曰，鄉原〔愿〕，德之賊也。註：本章是孔子說一個人外貌看似忠誠，但內心巧詐，而在鄉間一般人都稱他謹厚，這種人就是害道的賊。

〔二〕子曰，道聽而塗〔途〕說，德之棄也。註：本章是孔子警戒人，凡道聽途說者都不能蓄入道德之列。

〔三〕子曰，色厲而內荏〔荏，懦弱〕，譬諸小人，其猶穿窬之賊也與。註：本章是孔子慨嘆當時在上的人假裝君子，實亦德之賊也。

八、言所當言

〔一〕子曰，巧言令色，鮮矣仁〔本章重出〕。子曰，惡紫之奪朱也，惡鄭聲之亂雅樂，惡利口之覆邦家者。註：本章是孔子戒人言所當言，故將巧言令色重出，尤其最痛絕利口，故以紫奪朱，鄭聲亂雅樂以喻之。

〔二〕子曰，予欲無言，子貢曰，子如不言，則小子何述焉，子曰，天何言哉，四時行焉，百物生焉，天何言哉。註：本章是孔子說求學要自己能領悟，不待他人教導，所以天並沒有說什麼，不是仍然四時行焉，百物生焉，非但證明人要言所當言，而絕非巧言利言。

〔三〕孺悲〔魯國人〕欲見孔子，孔子辭以疾〔託病〕，將命者〔傳話人〕出戶，取瑟而歌，使之聞之。註：本章是孔子以孺悲不屑教誨而彈瑟使之以聞，證明孔子是言〔教〕所當言之實例。

九、宰我問喪

〔一〕宰我問三年之喪，期〔音基，下同〕已久矣，君子三年不為禮，禮必壞〔荒疏〕，三年不為樂，樂必崩〔敗壞〕，舊穀既沒〔吃完了〕，新穀既升，鑽燧改火，期可已矣。子曰，食夫稻，衣夫錦，於女〔汝〕安乎，曰〔宰我〕安。女安則為之，夫君子之居喪，食旨不甘，聞樂不樂，居處不安，故不為也，今女安，則為之。宰我出，子曰，予之不仁也，子生三年，然後免於父母之懷，夫三年之喪，天下之通喪也。子也有三年之愛於其父母乎。註：本章是記宰我欲縮短喪期，孔子在反覆警惕宰我，雖云汝安則為之，但仍感不仁，待宰我退後，復加說三年之喪是天下人之通喪。

十、勇惡詮釋

〔一〕子路曰，君子尚勇乎。子曰，君子義以為上，君子有勇而無義為亂，小人有勇而無義為盜。註：本章是孔子教子路勇敢要和義理相配合，否則將淪為君子之為亂，小人之為盜賊也。

〔二〕子貢曰，君子亦有惡乎。子曰，有惡，惡稱人之惡〔如字〕者，惡居下流而訕上者〔訕，誹謗也〕，惡勇而無禮者，惡果敢而窒者。曰〔孔子反問〕，賜也，亦有惡乎。惡徼以為知者〔暗窺別人，自以為聰明〕，惡不孫以為勇者，惡訐以為直者。註：本章孔子所言其所惡的是真小人，而子貢所惡的是假君子。

〔三〕子曰，年四十而見惡焉，其終也已。註：本章是孔子說一個人年到四十歲還惹人厭惡，其一生也將難有作為，主旨乃在勉勵人要及時進修。

十一、聖門垂教

〔一〕子之武城，聞弦歌之聲，夫子莞爾而笑曰，割雞焉用牛刀。子游對曰，昔者偃也，聞諸夫子曰，君子學道〔道指禮樂〕則愛人，小人學道則易使也。子曰，二三子，偃之言是也，前言戲之耳。註：本章是記孔子欣喜子游能實行聖門教化。

〔二〕子曰，飽食終日，無所用心，難矣哉〔指難教誨〕，不有博奕者乎，為之猶賢乎。註：本章是孔子說一般人不用心學識，連與賭博奕棋的人都不如，因賭博下棋還得用點心思。

〔三〕子曰，鄙夫可與事君〔朝廷君上〕也與哉，其未得之也，患得之，既得之，患失之，苟患失之，無所不至矣〔指什麼壞事都做得出來〕。註：本章是孔子有感世人得失之心太重，特加教誨也。

〔四〕子曰，唯女子與小人，為難養也，近之則不孫〔孫，遜順〕，遠之則怨。註：本章是孔子說駕御妻妾與小人實在是件不容易的事。

拾捌、微子篇

一、各行其是

〔一〕微子去之〔走了〕，箕子為之奴，比干諫而死，孔子曰，殷有三仁焉。註：本章是孔子說殷朝上述的三個人的行事雖不同，但都能善全心德。

〔二〕柳下惠為士師〔做獄官〕，三黜，人曰，子未可以去乎，曰〔柳下惠〕，直道而事人，焉往而不三黜，枉道而事人，何必去父母〔家邦〕之邦。註：本章是孔子表明柳下惠的正直中和。

二、懷才不遇

〔一〕齊景公待孔子曰〔想任用孔子，問眾臣〕，若季氏〔像魯君對季氏〕，則吾不能，以季孟之間待之，曰〔又說〕，吾老矣，不能用也，孔子行〔離開了〕。註：本章是記齊景公不願任用孔子。

〔二〕齊人歸女樂〔指齊人饋女樂，惑魯君〕，季桓子受之，三日不朝，孔子行。註：本章是孔子因見魯國君臣玩樂女樂，故毅然離魯他往。

〔三〕楚狂接輿〔楚國假裝瘋狂的隱士接輿〕歌而過孔子曰，鳳兮鳳兮，何德之衰，往者不可諫〔指不能挽回〕，來者猶可追，已而已而〔算了算了〕，今之從政者殆而，孔子下〔下車〕欲與之言，趨而辟之，不得與之言。註：本章是記楚狂以語言諷孔子，孔子欲與之交談，卻又避不見面，孔子祇有他往。

〔四〕長沮桀溺與耦而耕〔長、桀為兩隱士，並肩耕種〕，孔子過之，使子路問津焉，孔丘與，曰〔子路〕是也。曰〔長沮〕，是知津矣〔指你應該知道渡口〕，問於桀溺，桀溺曰，子為誰，曰〔子路〕，為仲由，曰〔桀溺〕是魯孔丘之徒與，對曰，然，曰〔桀溺〕，滔滔者天下皆是也〔指如今天下似洪水大亂〕，而誰以易之，且而與其從辟人之士也，豈若從辟世之士哉，耰〔音憂〕而不輟，子路行以告，夫子憮然曰〔憮，悵惘也〕，鳥獸不可與同群，吾非斯人之徒與而誰與天下有道，丘不與易也。註：本章是記孔子不肯忘天下，而婉惜長沮桀溺不明白自己的用心，故發出鳥獸不可與同群之言也。

三、田園隱士

〔一〕子路從而後，遇丈人〔指老者〕以杖荷篠，子路問曰，子見夫子乎，丈人曰，四體不勤，五穀不分，孰為夫子，植其杖而芸〔田裏除草〕，子路拱而立，止子路宿〔見子路有禮〕，殺雞為黍而食〔音嗣〕之，見其二子焉〔老者將二兒子引見子路〕，明日，子路行以告〔告訴孔子〕，子曰，隱者也，使子路反見之，至，則行矣〔老人已出去〕，子路曰〔子路對老者家人說孔子傳話〕，不仕無義，長幼之節，不可廢也，君臣之義，如之何其廢之，欲潔其身，而亂大倫〔顛亂君臣倫理〕，君子之仕也，行其義也，道之不行〔指孔子自說的政治理想難行〕，已知之矣。註：本章是子路申說孔子對田園隱士之言，其主旨乃在誘人必須為國效勞，方不負君臣大義。

四、各守其節

（一）逸民（無祿位隱士）伯夷、叔齊、虞仲（即仲雍，和泰伯同竄荊蠻者），夷逸（等四人），朱張（周朝人，字子與），柳下惠，少連（東夷等三人）。子曰，不降其志，不辱其身，伯夷叔齊與。謂柳下惠少連，降志辱身矣，言中倫（合道理），行中慮（合人心），其斯而已矣。謂虞仲夷逸，隱居放言，身中清，廢中權，我則異於是，無可無不可。註：本章是孔子評以上七人各守一節，而自己卻是無可無不可也。

五、人才四散

（一）大（音泰）師摯（魯樂官）適齊，亞飯干，適楚，三飯繚，適蔡，四飯缺，適秦，鼓方叔，入於河（指逃到河內），播鼗（音陶）武，入於漢（漢中），少師陽，擊磬襄，入於海（到海島）。註：本章是孔子說以上所有的樂官四散，顯見魯國的政事衰微。

六、周公訓子

（一）周公謂魯公（伯禽）曰，君子不施（作弛）其親（不遺忘親族），不使大臣怨乎不以，故舊無大故，則不棄也，無求備於一人。註：本章是記周公拿忠厚立國的道理訓戒兒子。

七、四生八士

（一）周有八士，伯達伯适（第一次雙生兄弟），仲突仲忽（二次雙生），叔夜叔夏（三次雙生），季隨季騧（四次雙生）。註：本章是孔子追念周朝八個賢士，是一個母親生下來的，顯見周朝的人才眾多。

拾玖、子張篇

一、德義大節

〔一〕子張曰，士，見危致命，見得思義，祭思敬，喪思哀，其可已矣。註：本章是子張說，做一個士人應該有致命、思義、思敬、思哀四項立身的大節。

〔二〕子張曰，執德不弘，信道不篤，焉能為有〔說他在世上應該算沒有他〕，焉能為亡〔就算死了也不足輕重〕。註：本章是子張警戒執德信道之人要推廣和確信。

〔三〕子夏曰，大德不踰閑〔守大節不越範圍〕，小德出入可也〔小節即使有些出入也無妨大節〕。註：本章是子夏教人要守定大節。

〔四〕子夏曰，雖小道，必有可觀者焉〔也有觀摩研究的道理〕，致遠恐泥〔如求高遠，恐怕要滯泥了〕，是以君子不為也。註：本章是子夏說君子求道必須從遠大處想。

二、交友之道

〔一〕子夏之門人，問交於子張，子張曰，子夏云何。對曰，子夏曰，可者與之，其不可者拒之。子張曰，異乎吾所聞，君子尊賢而容眾〔容納平庸的眾人〕，嘉善而矜不能〔矜恤不善良者〕，我之大賢與，於人何所不容，我之不賢與，人將拒我，如之何其拒人也。註：本章是記子張子夏論交友之見解不同，惟子張之論為遠大。

三、諸子論學

〔一〕子夏曰，日知其所亡〔亡讀作無〕，月無忘其所能，可謂好學也已矣。註：本章是子夏教人專心在學問上用功。

〔二〕子夏曰，博學而篤志，切問而近思〔專心考問，從淺入深而類推〕，仁在其中矣。註：本章是子夏教人致至求仁的方法。

〔三〕子夏曰，百工居肆以成其事〔各種工業要在製造處所練習精熟〕，君子學以致其道。註：本章是子夏教人做事求學問都要在道理上去求。

〔四〕子游曰，子夏之門人小子，當洒掃應對進退，則可矣，抑末也〔全是末節〕，本之則無，如之何，子夏聞之，曰，噫，言游過矣，君子之道，孰先傳焉，孰後倦焉〔懶得傳授〕，譬諸草木，區以別矣，君子之道，焉可誣也，有始有卒者，其惟聖人乎。註：本章是子游譏子夏不拿根本學問教人，而子夏則認為教人要有次序，不能列等。

四、君民相處

〔一〕子夏曰，君子信而後勞其民，未信則以為厲己也，信而後諫，未信則以為謗己也。註：本章是子夏說使用人民事奉君上，都要以誠信相感。

〔二〕子夏曰，仕而優則學〔做官之餘暇仍要研究學問〕，學而優則仕〔學力充足，可去做官〕。註：本章是子夏說無論做官求學都要先在本位上努力。

〔三〕孟氏使陽膚〔曾子弟子〕為士師，問於曾子，曾子曰，上失其道，民散久矣〔人民情義乖離已久〕，如得其情，則哀矜而勿喜。註：本章是曾子要陽膚體諒民情。

五、子張欠仁

〔一〕子游曰，吾友張也，為難能也〔做事別人難及他〕，然而未仁也〔然而仁未做到〕。註：本章是子游批評子張好高騖遠，但未能做到仁的地步。

〔二〕曾子曰，堂堂乎張也，難與並為仁矣。註：本章是曾子規勸子張要在實學上用功夫。

六、諸子言喪

〔一〕子游曰，喪致乎哀而止。註：本章是子游說喪禮不重外表儀式。

〔二〕曾子曰，吾聞諸夫子，人未有自致者也，必也親喪乎。註：本章是曾子說他聽諸夫子說過，人在父母死亡時候，纔能極盡哀痛真情罷。

〔三〕曾子曰，吾聞諸夫子，孟莊子之孝也〔魯大夫〕，其他可能也，其不改父之臣，與父之政，是難能也。註：本章是曾子稱許魯大夫孟莊子之能善盡孝道。

七、評惡釋過

〔一〕子貢曰，紂之不善，不如是之甚也，是以君子惡居下流，天下之惡皆歸焉。註：本章是子貢借紂王之無道以警戒惡人。

〔二〕子貢曰，君子之過也，如日月之食焉〔日蝕、月蝕〕，過也，人皆見之，更也〔改過之後〕，人皆仰之。註：本章是子貢說君子要有過必改，如日月之蝕，過後仍然光明。

〔三〕子夏曰，小人之過也，必文〔遮掩文飾〕。註：本章是子夏警戒人有過要改，不要學小人掩飾。

八、仲尼道邃

〔一〕衛公孫朝，問於子貢，仲尼焉學〔是從那裏學來的〕，子貢曰，文武之道，未墜於地，在人，賢者識其大者，不賢者識其小者，莫不有文武之道焉，夫子焉不學，而亦何常師之有。註：本章是公孫朝疑孔子必有師承，子貢則答，無一定師承，乃文王武王之道也。

〔二〕叔孫武叔語大夫於朝曰，子貢賢於仲尼，子服景伯以告子貢，子貢曰，譬之宮牆，賜之牆也及肩，窺見室家之好，夫子之牆數仞〔幾丈高〕，不得其門而入，不見宗廟之美，百官之富，得其門者或寡矣，夫子〔指叔孫武叔〕之云，不亦宜乎。註：本章是子貢形容孔子學問道德的高深。

〔三〕叔孫武叔毀仲尼〔誹謗〕，子貢曰，無以為也，仲尼不可毀也，他人之賢者，丘陵也，猶可踰也〔還有人高過他〕，仲尼，日月也，無得而踰焉，人雖欲自絕〔指人雖然要和日月斷絕〕，其何傷於日月乎，多見其不知量也。註：本章是子貢再申說孔子學問道德之高深。

（四）陳子禽謂子貢曰，子為恭也，仲尼豈賢於子乎。子貢曰，君子一言以為知（聰明），一言以為不知，言不可不慎也，夫子之不可及也，猶天之不可階而升也，夫子之得邦家者（假如得掌國家政權），所謂立之斯立（使人民生計自立），道之斯行（教化大行），綏之斯來，動之斯和，其生也榮，其死也哀，如之何其可及也。註：本章是子貢答陳子禽說夫子如得天下必然聖道大行，無人能比，一方面顯示孔子德行深邃，一方面又顯示子貢之為人謙恭，實妙答也。

九、君子三變

（一）子夏曰，君子有三變，望之儼然（莊重），即之也溫（溫和），聽其言也厲（嚴正）。註：本章是子夏形容君子的氣象。

貳拾、堯曰篇

一、綜論王道

（一）堯曰，咨（咳）爾舜，天之曆數在爾躬（上天所定的帝王在你身上），允執其中，四海困窮，天祿永終（假若人民窮困，你的俸祿也就終止了），舜亦以命禹（舜以同樣的話告屬命夏禹），曰（一直傳到桀王，商湯起兵伐夏，祭告天地說），予小子履（商湯名履），敢用玄牡，敢昭告於皇皇后帝（神明），有罪不敢赦（指夏桀〕，帝臣不蔽，簡在帝心〔擇賢人任事以合天心〕，朕躬有罪，無以萬方〔不能把罪推給萬方的人〕，萬方有罪，罪在朕躬。周有大賚〔武王伐紂後，把紂王所斂財物普遍賜予天下善良的人〕，善人是富，雖有周親〔指紂王有至親〕，不如仁人，百姓有過，在予一人，謹權量〔定度量衡〕，審法度，脩廢官，四方之政行焉，興滅國〔助將滅亡之國興盛〕，繼絕世〔封立已斷絕的世族〕，舉逸民〔隱居之賢才〕，天下之民歸心焉，所重民食喪祭，寬則得眾，信則民任焉，敏則有功，公則說〔悅〕。註：本章是歷敘堯、舜、禹、湯、文武的治績，也是綜論王道之治，全在寬、信、敏、公四字之上。

二、從政要領

〔一〕子張問於孔子曰，何如，斯可以從政矣。子曰，尊五美，屏四惡，斯可以從政矣。子張曰，何謂五美。子曰，君子惠而不費〔指在上位者〕，勞而不怨，欲而不貪，泰而不驕，威而不猛。子張曰，何謂惠而不費。子曰，因民之所利而利之，斯不亦惠而不費乎，擇可勞而勞之，又誰怨，欲仁而得仁，又焉貪，君子無眾寡，無小大，無敢慢，斯不亦泰而不驕乎，君子正其衣冠，尊其瞻視，儼然人望而畏之，斯不亦威而不猛乎。子張曰，何謂四惡。子曰，不教而殺，謂之虐，不戒視成，謂之暴，慢令致期，謂之賊，猶之與人也，出納之吝，謂之有司〔成為小吏般見識〕。註：本章是孔子詳告子張為政的重要道理。

三、為人必備

〔一〕子曰，不知命〔指天命〕，無以為君子也，不知禮，無以立也，不知言，無以知人也。註：本章是孔子說做人必須具備以上所說的三項基本知識。

辰、結語

論語為朱子集四書之一，考諸論語有三，曰魯論、齊論、古論，今齊論、古論久佚，僅存者魯論也。

論語者，孔子應答弟子時人及弟子相與問答，而接聞於夫子之語也。今幸存之論語，自學而至堯曰，共計二十篇。

筆者為助讀者閱讀方便與易於了解，特將論語分為四大類，計論語溯源，論語考據，論語篇目，分類編註。學而篇計分為好學修身等四類，為政篇分為為政之道等五類，八佾篇分正名定分等六類，里仁篇分擇鄰居仁等六類，公冶長篇分為子譽才德等七類，雍也篇分為施財有度等六類，述而篇分為聖人述要等六類，泰伯篇分為子讚君德等六類，子罕篇分為謙信之詞等六類，鄉黨篇分為善侍宗廟等六類，先進篇分為禮樂辨識等六類，顏淵篇分為諸子問仁等七類，子路篇分為縱談為政等八類，憲問篇分為憲問恥仁等十二類，衛靈公篇分為窮困不悔等十類，季氏篇分為大義安邦等九類，陽貨篇分為陽貨諫諍等十一類，微子篇分為各行其是等七類，子張篇分為德義大節等九類，堯曰篇分為綜論王道等三類。

衡諸論語全部用辭，總而言之，統而言之，其意義乃在誨人立身處世，亦即大學所言，修身齊家治國平天下之大道也，簡而言之即在誨人如何做人，如何做事。筆者深感其中季氏篇中，冉有季路見孔子，謂季氏將伐顓臾，其最後一段孔子曰，丘也聞有國有家者，不患寡而患不均，不患貧而患不安，特告訴冉有季路說，今由與求，相夫子〔輔相季氏〕，遠人不服而不能來也，邦分崩離析，而不能守也，而謀動干戈於邦內，吾恐季孫之憂，不在顓臾，而在蕭牆之內也。按此語意，當時孔子是指季氏欲伐顓臾〔魯附庸小國〕，但筆者認為，時至今時我中華人民各據台灣與中國大陸隔海分治，以上夫子之言，實皆我兩岸執政者之警惕借鏡也。其次則為堯曰，天之曆數在爾躬，允執其中，四海困窮，天祿永終，・・・予小子履〔商湯〕敢用玄牡，敢詔告於皇皇后帝〔指神明〕，有罪不敢赦〔指夏桀〕，帝臣不蔽，簡在帝心，朕躬有罪，無以萬方，萬方有罪，罪在朕躬，・・・百姓有過，在予一人，謹權量，審法度，脩廢官，四方之政行焉，興滅國，繼絕世，舉逸民〔起用隱居之賢才〕，天下之民歸心焉。・・・為節篇幅故僅節錄至此，按堯曰全篇，實則為敘堯、舜、禹、湯、文武之治績，王道之綜論，其主旨乃在訓訴為政者應在寬、信、敏、公四字上下功夫，蓋寬則得眾，信則民任焉，敏則有功，公則悅。筆者以為此段乃我台澎金馬之當權者應勤加研讀，以之為學習之寶典也。

本篇之作是筆者已將四書全部撰述完成之時，大學中庸孟子三篇，或刊於易學專刊，或併入拙作禮樂與人生一書中，早已問世，惟感本篇中有不少語句過於扼要，或古字古釋，有如穀梁、公羊兩傳，予人不易了解，雖窮筆者所能，詳加註解，恐仍有未盡人意，以及分類或有不盡理想之處，尚望讀者見諒。

丁 散文摘錄

相研易學感言

中華易學研究會張理事長廷榮教授，簡稱老師，為宣揚中華固有優美文化，不畏艱辛，排除萬難，應邀到處講授易學佛學，為時長達五十餘年，十餘年前特倡導成立中華易學研究會，並創辦易學佛學專刊，其刻苦治學之精神，堪稱先聖孔孟之接班，易學四聖之傳人，可欽可佩，放眼當今，儒林叢裏已難有人與之比擬，順初私淑其門下，已十四五年，深感其博大之胸襟，從未見其責人，令人十分起敬，尤以其誨人不倦，奉獻犧牲之精神，在此混濁社會之中，無人能出其右。

老師近年感年事日高，體力有限，原定每週日於台北社教館之講課，為培植師資，特分別指定同道作專題演講，非但從不缺席，且均於講演完畢之後，予以講評。順初與之相研十餘年中，睹其祇作奉獻，從不索取，尤以其生活之節儉，如煙酒不嚐，衣著樸素，即使集會聚餐，亦倡以數十元之便當果腹，此真顏子之不貳過，不遷怒，貧居陋巷，簞食瓢飲而不改其樂之寫照也。

順初近年所著「禮樂與人生」以及「天均詩文集」兩書，若非老師一再之鼓勵敦促，與先賜序文，恐迄今仍難成書問世，值茲老師教學五十週年之際，除作以上之簡述以示感謝之外，特賦七律以誌慶賀。

詩曰

九秩春秋志氣充，經書詩禮啟群懵，安貧自許顏淵樂，傳道人稱孔孟風，諸子百家收眼底，釋迦六祖慧心同，而今桃李滿天下，浩汗儒林不倒翁。

易學研究二十四講回顧與展望序

中華易學研究會副理事長馮教授家金兄，自民八十九年（二〇〇〇年）十一月，因創辦人榮譽理事長張教授廷榮公，心肌梗塞住院，家金兄在徐理事長繼顯兄敦促之下，為維護學會教務，欣然接受講座之職。自施教以來，克盡職責，勞怨不辭，令人感佩。茲家金兄決定將所授之講義及諸學友之回響出刊專集，索序於順初。按其二十四講主旨，乃在將周易六十四卦依繫辭傳完成【擬議化】之結構。在未談及二十四講之前，特先對易學予以簡介，以佐馮教授所講乃今時創著。

首先要談的是，易經究竟是本什麼樣的書?簡而言之，帝王之學也（今時似可稱之為政治學），天人之學也，絜靜精微之學也，卜筮之學也。不是神學，亦非玄學，為我中華文化之根柢，適合現在時代需要。重點則在象數，以往文學家多偏重于義理，以致流傳至今，難以發皇。若以中西文化之經典相較，西方人所奉之聖經，只能給人們心靈上的慰藉；而我易經，非但可啟示人們如何為人處世方法，同時亦能給人們在心靈上獲得慰藉，為萬古常新，放之四海而皆準之寶典。

其次則談以往學者，對易經之論說。二千多年前，西漢孟京：「占驗災異。」雖是術數，但仍有其作用。皮鹿門經學通論說：「古卜筮與史通，左氏傳•••所載卜筮事，皆史官占之。此古卜筮與史通之明證，亦古卜史借天道以儆君之明證。」後世君尊臣卑，儒臣不敢正言匡君，於是亦假天道進諫。

三國王輔嗣，宋程伊川兩氏則一掃易學象數而言義理，雖有卓識，但仍有商榷之處，故清代學人多嫌王、程所書空洞，故又將孟京、荀、鄭、虞諸家絕學爬梳以遂存古之功。〔註：以上諸說，順初曾撰有專文分載于中華易學會研易道學友文集及第十屆國際易學大會論文集。〕

馮教授家金兄此二十四講，其最大成就乃在將六十四卦依繫辭上傳第八章：「聖人有以見天下之賾，・・・，擬議以成其變化。」及繫上十二：「聖人立象以盡意，設卦以盡情偽，繫辭焉以盡其言，變而通之以盡利，鼓之舞之以盡神。」「形而上者謂之道，形而下者謂之器，化而裁之謂之變，推而行之謂之通，舉而措之天下之民，謂之事業。」「極天下之賾者存乎卦，鼓天下之動者存乎辭，化而裁之存乎變，推而行之存乎通，神而明之存乎其人，默而成之，不言而信，存乎德行。」等等原理原則，建立繫辭傳之【擬議化】結構。且重組【擬議化】【縱橫豎】三表，從三表三線綜觀則可知各段陳述目的與作用及用易之方法。尤其是完成同中爻之結構，如

立【乾 ䷀ ，君子以自強不息。】之志，【擬】

行【未濟 ䷿ ，君子以慎辨物居方；
既濟 ䷾ ，君子以思患而預防之。】之方，【議】

成【坤 ䷁ ，君子以厚德載物。】之化。【化】殊非一般研易者可及。如此非但將周易六十四卦全部納入教人行「慎辨物居方，思患而預防之」，且知用易之主旨。

復觀其六十四卦之唯一結構，乃在革新研易方法，關聯易與人生，闡明周易之科學方法與實用價值。並指出易卦之綱及【擬議化】之依據以及教人如何辨識吉凶悔吝，更以同中爻之「革、咸、同人、遯」說明其結構之關係。尤以「安其身而後動，易其心而後語，定其交而後求」來說明處世之道，殊屬可貴，更證明其將整部易經納入人生生活之中，其貢獻尤偉。

馮教授家金兄有如此巨著，除馮兄個人之努力外，其夫人李蓮美女士之協助，其功誠不可沒。除證明其夫婦學養有素，對易學造詣甚深外，更證明其鰜鰈情深，殊堪欽敬。

綜觀馮教授家金兄此二十四講，證明其已深悟周易之內涵，復破解了數千年來研易者對「象數」、「義理」之爭以及破除了一般誤認易經難懂及不科學等等偏見。個人以為此二十四講堪稱今時宏構，順初與馮教授相研易學多年，故樂為之序。

戲說晚唐詩人許渾咸陽西樓感懷詩

原文：

一上高城萬里愁，蒹葭楊柳似汀洲，溪雲初起日沉閣，山雨欲來風滿樓，鳥下綠蕪秦苑夕，蟬鳴黃葉漢宮秋，行人莫問當年事，故國東來渭水流。

解說：

一、許渾字用晦，一作仲晦，晚唐（或說中唐）文宗太和六年（公元八三二年）進士，官虞部員外，睦、郢二州刺史，家住潤州丹陽，今屬江蘇省。咸陽是秦漢兩代故都，在陝西省，其詩的大意是：詩人登上咸陽城樓，舉目眺望，見秦中河湄風物類似江南，不由觸景生情，起萬里愁懷，慨然之際，忽見雲生暮至，日薄溪山，沉于寺閣，滿樓颯然西風，暴風雨將至，西風殘照，漢闕秦陵，更加觸發詩人情思愁緒，詩人東來名城古地，但所見無幾，惟見西風吹動渭水而已。

二、此詩其中第四句：「山雨欲來風滿樓」，可說為千古絕句，五代詩人韋莊曾讚許渾為江南才子，其詩「字字清新句句奇」，千餘年來對「山雨欲來風滿樓」之名句，凡稍具知識者，莫不到處引用，因之凡遇事件要爆發之前，常以此語謂之。惟見中國大陸所編之連續劇「唐明皇」，其中第一集末尾一鏡頭一和尚借用此名句來說情景，因其時間相差一百多年，以前人引用後人詩句，殊屬可笑（見民八十三年世副」。

三、許渾之詩，在唐詩三百首中，僅錄有「潼關驛樓」與「早秋」五律兩首，千家詩選並無其名，筆者獲閱此詩係于民八十三年旅居加州爾灣之時見于世副，因其詩句確感清新，故錄之備忘，近日復又得閱，發覺部份詩句難與季節吻合，蓋所賦第六句云：「蟬鳴黃葉漢宮秋」，即證明賦詩之時顯屬秋天所見情景，但其第二句：「蒹葭楊柳似汀洲」，蒹葭〔即指荻之初出〕，楊柳乃春茂之木，如此一詩之中先見于春又見于秋，筆者殊難苟同，因其詩情景不調也，尤其是蒹葭二字同稱，按辭海所註：「係詩秦風篇名，刺襄公未能用周禮，周之賢臣遺老隱處不肯出仕，詩人借之，託為招隱，作此見志」，　詩中以荻葦初出而稱，非但季節不符，且容易紊淆，更甚者難與起句之「一上高城萬里愁」相承接，蓋詩人既看到欣欣向榮之景色，應屬心地舒暢，即使懷念家鄉，亦不致愁生萬里，蓋詩有意境，絕不能不分天時，故筆者擬改為：「萎蒹枯葦似汀洲」以應起句之愁情。

四、再談詩中第五句：「鳥下綠蕪秦苑夕」，查「綠蕪」乃指青青之草地，在作者之當時陝西咸陽秋天，應已不可見，證明作者純脆在意境字面上求對黃葉而已，並非事實，尤其詩之第三句「溪雲初起日沉閣」，雖夏季偶有，但秋高氣爽之時為多，在春雨綿綿之時候殊不易有，更證明其詩賦于秋天，因此筆者擬改為「紅埃」二字，再按筆者今時情景而改為如後所賦五六兩句。再談原詩第七句「行人」二字，原作者應係指官員或來使，筆者認為意境較為狹窄，故改為「時人」二字成句。

詩之末尾一句，原作者稱「渭水」二字，應是指他從東〈江南〉到西〈渭水〉，筆者改為「漢水」，乃在表示由漢水〈華中〉東來到台灣新店碧潭，亦在表示懷鄉之情，因此筆者除原詩三四兩句不動外，其餘改賦如后：

荒坵晚眺　　碧潭之濱

一詣荒坵萬斛愁，萎蒹枯葦似汀洲，溪雲初起日沉閣，山雨欲來風滿樓，鳥下紅埃禪院夕，蟬鳴黃葉碧潭秋，時人莫問當年事，故國東來漢水流。

中華易學研究會聯誼會九〇年端節餐會報告

今天舉行餐會，順初特將餐會的意義加以說明如后：

一、馮副理事長家金賢伉儷為維護學會教務，八個月來，不辭勞怨，竭盡心力，令人十分欽敬，值茲告一段落，復要代表本學會赴大陸參加世界易學研究大會，聯誼會各同道特此舉行餐會，聊表寸衷。

二、賴常務理事淮，本月四日欣逢七七大壽，聯誼會慣例，各同道應為之稱觴，順初特代表各同道敬祝松柏永秀外，并撰壽聯如后，希能哂受，聯曰：

世賴仁民天錫壽

江淮潤澤人多年

三、明二十五日為九〇年端陽佳節，聯誼會各同道乘機提前慶祝，端節之起緣，各同道無不盡知，因屈原沉于汨羅而起，際茲國是日非，為悼念古人，特再略于簡介：屈原戰國時人，名平，別號靈君，其人博學多聞，明于治亂，仕楚竭忠盡智，楚懷王重其才，靳尚輩讒而疏之，屈原因憂而作離騷，楚襄王用讒而謫江南，而沉于湘之汨羅江。順初記得民六十三年于高雄工作時，曾賦有端節感懷七絕一首，茲抄錄如後以供各同道消遣，並盼不吝指政，詩曰：

鬼蜮從來氣勢高，忠良在數豈能逃，應知天陷人難補，屈子何須苦賦騷。

中華易學研究會聯誼會九〇年八月份餐會報告

一、本聯誼會自于新店市「為福樓」餐廳成立迄今，半年以來，已舉行聚會四次，原僅十二三人，目前增加之道學友已共達二十餘人，除證明各同道對聯誼會甚為支持外，益顯示各同道在情感交流上，與日俱增，順初個人深感慶幸。

二、今天舉行餐會主要是為舊曆六七月逢辰之道長慶壽，計有鄒建周，李蓮美，鄭茂寅，張履端等四位道長，順初忝為召集人，在徐理事長要求之下，特草擬壽聯敬祝各道長壽比南山，聯曰：

濁世欣逢共慶壽，祇頌三多並五福，荒年巧遇同稱殤，遙祝四美與九如。

三、四天前（本月八日）為我國父親節，本擬舉行聚會，緣種種因素，故配合此次舉行，父親節之由來，是民三十四年（抗戰勝利之初），上海人士發起，以「八八」（八月八日）和「爸爸」諧音而定，父親節含意是在在懷念祖國，還都之後，遂由社會部明文制定每年八月八日為父親節，衡諸父親節之原意，吾人今日處此海島，令人感慨萬千矣。又美國之父親節為六月第三個禮拜天，但不知其由來。

四、諺云，一日為師，終身為父，所謂師父師父，張老師廷榮教授，對易學會同道授業多年，為感謝師恩，順初特恭請老師師母參加本次餐會，聊表學子微忱，謹恭請老師為我們訓話。

中華易學研究會聯誼會九〇年十一月份餐會報告

一、本次餐會主要是為九、十、十一月份聯誼會各逢辰道長慶生，計九月有蔡水旺道長，十月有彭及標道長，十一月有學會徐理事長，除恭祝各逢辰道長松柏永秀，遇事成祥外，茲三天後〈本十一月五日〉欣逢徐理事長七五雙壽大慶，因此特邀請其夫人與張老師賢伉儷一同歡娛，順初特撰壽聯以示慶祝微忱，聯曰：

繼往開來鴻案齊眉春不老
顯而易見海屋籌添壽同登

二、我們易學研究會，自成立迄今已十餘年，其研習主旨，純在作文化傳承，故祇有付出，毫無名利之爭，如說有何收穫，則在求個人心靈之寄託，如何求得身心舒暢，蓋易學為我中華文化之根柢。值茲台灣經濟日漸蕭條，人民生活日艱，特提供宋理學家程顥之偶成七律一首以供各同道琢磨，或可以舒暢心胸，詩曰：

閒來無事不從容，睡覺東窗日已紅，萬物靜觀皆自得，四時佳興與人同，道通天地有形外，思入風雲變態中，富貴不淫貧賤樂，男兒到此是豪雄。

註：此詩最後一句「男兒」二字，若以作者當時〈西元一〇三二年至一〇八五年〉而言應無問題。蓋當時社會重男輕女十分明顯，但時至今日，則難符事實，故筆者擬改為「烝民到此是豪雄」。

中華易學研究會聯誼會九〇年年終慶生會報告

一、請老師首先訓示並頒發整壽道長之誌慶牌。

二、今日逢辰之道長陳鴻運、楊杜清香、魏春平三道長可說均是易學會功臣，個人特代表聯誼會祝福上述道長青春永駐，遇事成祥。

三、今日慶生會洽逢二十四節中之大寒，又屬腊八，正是歲暮年終，也可說藉此舉行民間習俗之尾牙，可說意義非凡。

四、年來曾有同道希望順初能在教務上有所貢獻，奈何順初年老多病，無法應命，深感愧疚。因此祇好在舉行餐會時，盡個人所能提供淺見，希能有助各同道之修為，今值此歲暮年終且世事日非，特賦七絕一首以誌，

偶成

歲暮寒冬會一堂，五倫之外創新章，勸君珍惜眼前景，拋卻閒愁入醉鄉。

註解：

〈一〉此詩主題在五倫之外創新章，大家都知道五倫是君臣、父子、夫婦、兄弟、朋友，但我們今天舉行慶生會可說乃五倫之外的慶生會，因此順初特在五倫之外加同道一倫而符舉行之意義。

〈二〉茲鑒于時下台灣社會現象乖張，令人不勝唏嘘，真所謂君不君，臣不臣，父不父，子不子，夫不夫，妻不妻。尤其璩美鳳小姐偷拍之事公諸于社會之後，可

說親朋好友信用破產，以上種種，真如古人所云道德喪盡，廉恥蕩然，人倫泯滅。

〈三〉此詩第四句所指閒愁係指上述種種，至于醉鄉，係以陶醉解，也就是說能喝酒者當可一醉，不能喝者何妨值茲聚會美好時光自我陶醉一番啊。

讀緣愛誠語感言

本〈九一〉年中華易學研究會會員大會時，徐理事長繼顯致送各參與同道每人「緣愛誠語」一本，經大略翻閱得知纂輯者為李德武先生，據序言記載，李先生于民四十八年曾服預官役，由此推知，李先生乃高等知識份子無疑。

以「緣愛誠語」為書名，其所錄各節，不問即可預知其內含定屬先聖先賢之卓見，且悉以「緣」「愛」「誠」之語句為中心，對吾人之修養大有助益，尤以其所載長壽十法：「嬉嬉笑戲眉莫皺」「書詩花月隨前後」，看是簡單，但真要做起來，就不容易了。讀者有閒何妨試試。

書中附錄有楊升菴所填的「臨江仙」詞一闕，該詞可說凡稍具文墨之人，莫不喜好，筆者在三十餘年前，在台北市重慶南路某書店見舊本之三國演義第一回之前即載有此詞，雖有作者之姓名，但筆者閱後即已忘記，尤其是約二十年前台灣電視公司所編之「幾度夕陽紅」連續劇，將此詞譜曲唱于片頭，十分動聽，因此筆者極欲獲知作者姓名，曾請教不少同好，惜均無以為告，今閱「緣愛誠語」得知作者為楊升菴〈楊慎〉所填，曷勝欣然，而釋筆者心懸。

查楊君所填「臨江仙」第一句應該是「滾滾長江東逝水」，但此書卻載為「水逝東」，記得十餘年前，易學會舉行書畫展覽，筆者在各同道催逼之下，曾將此詞以宣紙書就，並加以裱背濫竽充數，同時亦有先振華道長亦書寫此詞參展，但將「東逝水」亦寫成

「水逝東」，筆者當時曾告以不能書成「水逝東」，先兄當時並未申辯，今發覺此書亦如是記載，推知振華兄當年如是書寫，定有所本。

筆者以為有書如此寫法，若非有人自以為是，擅自更改，而認為「東逝水」與「水逝東」並無差異所致，殊不知倘加更改，非但與詞律不符，且詞意亦異，蓋「東逝水」係適應詞律，第一句不得押韻，若改成「水逝東」，不但平仄不符，且與第二句之雄字相叶，尤其是「東逝水」其文意似為動態，若改為「水逝東」，非但有變成靜態之嫌，且又違背詞律。

復查原作者楊慎〈別名升菴〉，乃明朝正德年間廷試榜首，楊為新都人〈即現時四川成都〉，曾任修撰，世宗時充經筵講官，應為博學之人，絕不致有違詞律不計平仄之作，顯屬後世筆誤或擅自更改所致。

茲據「緣愛誠語」一書所載已先後印發十餘萬冊之多，且鼓勵有緣人翻印分贈親友，為不辱原作者文彩，而防以訛傳訛流傳，筆者特為此文假易學專刊披露，藉供讀者更正是幸。

附楊慎〈升菴〉所填「臨江仙」詞，全文如后：

滾滾長江東逝水，浪花淘盡英雄，是非成敗轉頭空，青山依舊在，幾度夕陽紅，白髮漁樵江渚上，慣看秋月春風，一壺濁酒喜相逢，古今多少事，都付笑談中。

戊　文餘補遺

本書付梓之時，忽接胞兄斌初從家鄉來信，除和順初壬午逢辰感懷四首外，並另賦七律賀順初八三生日，感情深義重，特予補入書尾，以示感激之情，其文如后：

七律

三月春光到處芳，門前又是紫荊香，阿兄八八高齡健，我弟八三耄耋行，
安命祖宗常錫福，率真天地變陰陽，生來自有花紅日，壽世壽人享壽康。

己　文餘書狀投影

(74)北市社一證字第 1693 號

臺北市人民團體職員當選證明書

查鄧順初係湖南省衡陽縣市人現年六十三歲於民國七十四年三月三日當選本市鄧氏宗親會第五屆理事任期　年。

特此證明

臺北市政府社會局局長　[signature]

中華民國七十四年六月四日

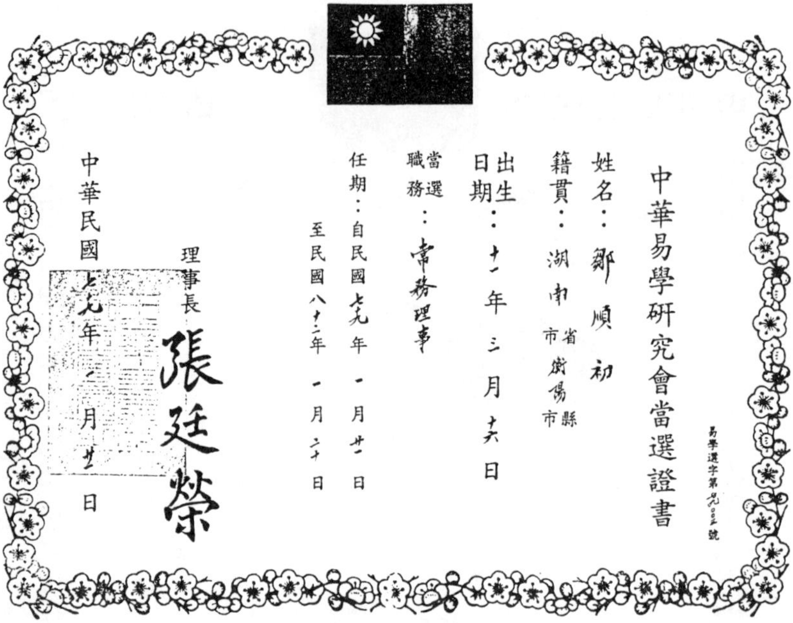

易學選字第七九〇〇二號

中華易學研究會當選證書

姓名：鄒順初

籍貫：湖南省衡陽縣

出生日期：十一年三月十六日

當選職務：常務理事

任期：自民國七九年一月廿一日
至民國八十二年一月二十日

理事長 張廷榮

中華民國七九年一月廿一日

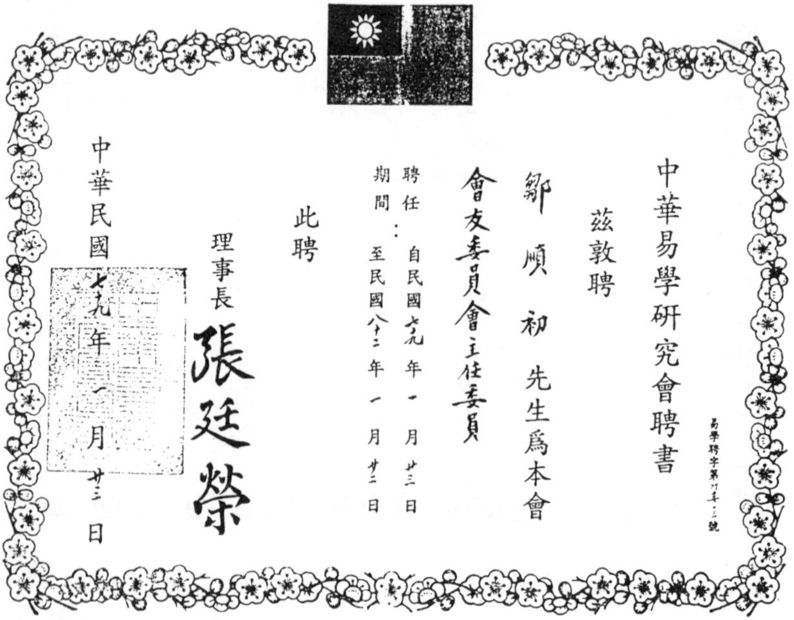

易學聘字第七九委〇二號

中華易學研究會聘書

茲敦聘

鄒順初先生爲本會

會友委員會主任委員

聘任期間：自民國七九年一月廿三日
至民國八十二年一月廿二日

此聘

理事長 張廷榮

中華民國七九年一月廿三日

研易(八十二)字第 035 號

中華易學研究會證明書

查鄒順初 先生/女士 當選

為本會第二屆(任期自

中華民國八十二年七月一日至

八十五年六月三十日止)理事

特此證明

理事長 張廷榮

中華民國八十二年七月一日

研易(八十六)字第 017 號

中華易學研究會證明書

查鄒順初 先生/女士 當選

為本會第三屆(任期自

中華民國八十五年十二月十五日至

八十八年十二月十四日止)理事

特此證明

理事長

中華民國八十六年元月一日

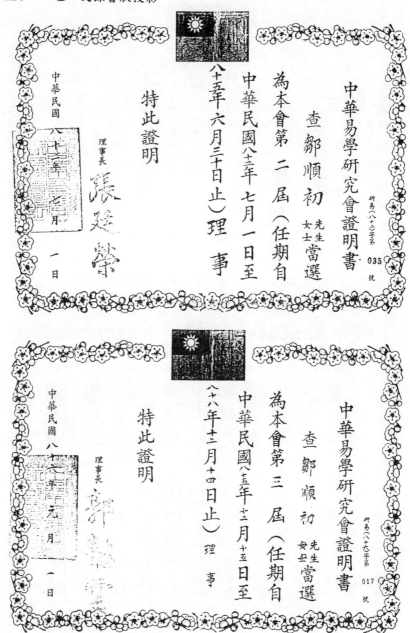

研易（八十九）字第〇一五號

中華易學研究會證明書

查 鄒順初 先生/女士 當選

為本會 第 四 屆 理 事

（任期自中華民國八十九年元月廿三日至九十二年元月廿二日止）

特此證明

理事長 徐繼顯

中華民國八十九年元月廿五日

國際易學大會感謝狀

鄒順初先生於中華民國八十二年（公元一九九三年）七月二十五日舉行第十屆國際易學大會提供大會論文鉤深探微闡揚易學文化特發給感謝狀

主辦國：中華民國易經學會

理事長

中華民國八十二年七月二十五日

伏羲建國六四七二

公元一九九三

國際易學大會紀念狀

鄒順初先生於中華民國八十二年（公元一九九三年）七月二十五日參加第十屆國際易學大會宏揚易學文化特發給紀念狀

主辦國：中華民國易經學會

理事長 邵崇齡

中華民國八十二年[illegible]二十五日

伏羲建國六四七一年[illegible]

公元一九九[illegible]

國家圖書館出版品預行編目資料

天均詩文集.二 / 鄒順初著. -- 初版. --臺北市：
文史哲,民 91
面； 公分
ISBN 957-549-281-8 (平裝). -- ISBN 957-549-427-x (第 2 冊：平裝).

1.

848.6 89009823

天均詩文集㈡

著　者：鄒　順　初
出版者：文　史　哲　出　版　社
http://www.lapen.com.tw
登記證字號：行政院新聞局版臺業字五三三七號
發行人：彭　正　雄
發行所：文　史　哲　出　版　社
印刷者：文　史　哲　出　版　社
臺北市羅斯福路一段七十二巷四號
郵政劃撥帳號：一六一八〇一七五
電話 886-2-23511028・傳真 886-2-23965656

實價新臺幣二四〇元

中華民國九十一年(2002)四月初版

ISBN 957-549-427-x